# AFTER THE GONG

「今」を生きるアマチュアボクサーたちの肖像

高尾 啓介
TAKAO KEISUKE

忘羊社

# 1
## 冒険者たち

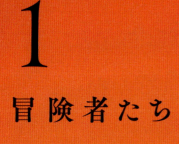

"ハルク"佐藤修（元WBA世界スーパーバンダム級王者）。2017年7月、麻布十番にあるトータルエクササイズスタジオ「JAMU」にて

## 竹原ピストル　ミュージシャン

本名・竹原和生。1976年千葉県生まれ。ミュージシャン。拓殖大学紅陵高校時代にボクシング部に入部。高校卒業後はミュージシャンを目指していたが、父親の勧めで道都大学へ進学しボクシング部へ。大学時代は全日本選手権に2度出場。'99年、ハマノヒロチカと共にフォークバンド「野狐禅」を結成し、'03年メジャーデビュー。'06年、映画『青春金属バット』に出演。'11年には松本人志監督『さや侍』に出演し主題歌を担当。'16年、映画『永い言い訳』に出演、第90回キネマ旬報ベストテン・助演男優賞、第40回日本アカデミー賞・優秀助演男優賞受賞。'17年末には紅白歌合戦に出場し脚光を浴びる一方、毎年200〜250本のペースで精力的なライブ活動を続ける。

*P.7まで　2017年8月15日、千葉市の「LIVE HOUSE ANGA CHIBA」にて

巻頭インタビュー

# 「きついなあ、と思う時も、
# 化けものみたいに強い先輩たちと
# 毎日殴り合った大学時代を思い出せば
# どうってことないですね」

竹原ピストル

2018年8月15日　於「LIVE HOUSE ANGA CHIBA」（千葉市／聞き手・高尾啓介）

「高校でボクシング部に入ったのは親父がボクシング選手だった影響なんですが、高校時代の僕の夢はあくまでミュージシャンになることだったんですよ。ボクシングを始めたのは、僕にとって"寄り道"なんです。全然勝てなかったし……。だけど仲間たちも楽しかったので、家ではギターを弾きながら、とりあえず続けていたんですね。高3の時も1回戦敗退で、もう何の未練もなくミュージシャンになろうと思っていた。ところが道都大学からのスポーツ推薦があり、親父も音楽の専門学校でぶらぶらするより大学だけは行っておけよと言いました。だから僕にとってはどちらかというと、ミュージシャンになる前の寄り道みたいなものだった。僕が行った道都大は北海道・紋別の田舎にありましたから、ボクシング部といっても、サークルみたいなもんだろうという甘い考えで、寮にギターも送って、軽い気持ちで入学したんです。ところが、これが安川（浩樹）さんみたいな化けもののような先輩に合い、練習や生活で毎日ボコボコにされるわけですよ。高校では落ちこぼれで勝てなかった自分が、安川さんみたいに強い先輩に教えられ、いつの間にか勝てるようになって、2年生の春の北海道大会では優勝するまでになり、全日本選手権にまで出られるようになったんです。せっかく推薦で呼ばれ

たし、先輩たちもおっかない。こりゃあもう逃げ出せないとこに来ちゃったな、と（笑）。それでもう、ちょっとやってみるのもいいかと、ムキになってしまうわけです。
　階級が近いこともあり、じゃあ安川さんに食らいついていこうと決めたんです。追い詰められ、鍛えられたその1年間が、僕にとっては大学で一番濃い時間になりましたね」
──安川さんなしにボクシングは語れないわけですね。
「そうですね。やっと、"試合に勝ちたい"という思いになったわけですよ。しかし学部が違う安川先輩は4年になり、離れたキャンパスに移動になって、練習も別になったんです。7年間のボクシング生活の中でも、安川さんとの1年余りの時間だけが自分の意志で、"強くなって勝ちたい"と思えた充実した時間だった。これは断言できますね。
　2年になると、大阪で開かれた全日本選手権に出場するんですが、ここで見た代表選手の強さに度肝を抜かれました。会場では、国際大会にもよく出場していた辻本和正、仁多見史隆、飯田育夫、法政の齋藤幸一選手などの試合を見て、これは敵わんなあと思ったんです。もうこの人たちはボクシング以外興味ないんだろうなって（笑）。でも皆さんグローブを置いた後はそれぞれの人生がある。当たり前のことですけれど……。で、

こりゃあ目指すものが違うぞ、という気持ちになり、音楽の道に進もうという思いが強くなっていきました」
──それは、そこまでに蓄えられた余力だったんでしょうか。
「全くその通りです。でも1年余り鍛えられたおかげで、毎日ちょっとずつだけど実力がついていた。安川先輩の同期で2000年の富山国体でライトミドル級2位となった本庄友博先輩にも、毎日のように鍛えてもらいました。おかげで、この世界で歌を歌っていて、ああ、しんどいなあ、きついなあ、と思う時も、その頃を思い出すと──安川先輩の懐だったり、本庄先輩のやさしさだったり、あの人たちと殴り合ったりしていたことを思えばどうってことないなあ、と思えますね。変な比較ですけど（笑）。でも大学時代含め、ボクシングをやっていたおかげで今の自分があるんだと実感しています。高校時代は自分の意志でボクシング部に入ったのですが、大学の4年間は相当な寄り道だった。でも、その時間がなかったらミュージシャンとしての自分もなかったと思います」
──竹原さんの歌詞の中には、ボクサーとしてのスピリットを垣間見る感じがします。
「もちろんありますよ。ライブやる前についつい"シャドウ"をしてしまったり、心を落ち着かせるために跳ねたりして気合いを入れたり。や

竹原の道都大学ボクシング部時代の先輩・安川浩樹（左：2008年12月、全日本社会人選手権、掲げるのは北海道が受けた「柴田杯」／右：'14年10月、長崎国体

まりこれってボクサーなんだなあって思う時ですよね。ボクシングをやったことがある人って、やっぱりいつまでもボクサーの習性が残るものなのかなと思いますね。ボクシングと歌は自分の中で完全に分断されているはずなのに、結局ここ一番というライブの前にはそういうことをしているんですね。きついなあと思う時とか、やばいぞっていう時なんかも、練習に耐えていたときのこととか、先輩の怖い顔を思い出したり（笑）。共演者がいるときなんかも、負けないぞっていう思いを持つ。絶対そういうのがありますね。断ち切れない思いがあるんですね。僕は汗っかきなので、ライブでお客さんがタオルを投げ入れてくれたりするんです。でも、切ない気持ちになるんですよ。試合でタオルはもう負けっていうことだから（笑）。これもボクサーの血なのかなって思います。

ただ、ボクシングは諦めてしまった……諦めたというより、納得してしまったというほうがいいのかな。トップレベルの選手と比べて、こりゃ手が届かんぞ、と。でも、歌ではそうあきらめるわけにはいかないと

いう思いがありましたね。これも安川さんという鬼のように厳しい先輩との練習に耐えて食らいついていったからだと思います（笑）。他人にもめちゃめちゃ厳しい人ですが、自分にはもっと厳しい人でした。安川さんが全国大会に行く2～3週間前から練習パートナーとして寝食を共にし、走り、スパーリングを一緒にやったおかげで、そこから頑張りの根底の部分が生まれたんだと思います。本当に感謝しています。

僕のライブには時々、元選手で拓殖大や法政大で全日本や国体でチャンピオンになったという方が、よく来てくださるんです。声援もいただくんですけれど、僕なんか全然大したことないですよ、と（笑）。ありがたいことですね」

——話題は変わりますが、竹原さんはダウンタウンの松本人志さんが監督を務めた映画（『さや侍』）だとかCMだとか、音楽業界以外からも幅広く注目されていますが、違う業界からオファーが来るのはどう感じておられますか？

「いやぁ、僕はミュージシャンですから、芸能界とかで有名になること

に興味はないです。以前プロモーションビデオを撮って下さった監督さんや知り合いなどを通じて紹介されて……誘われるままにですね。こちらから出してくださいとお願いすることは一切無いですね。求められれば全力でやりますが。ライブは大学の時のボクシングと同じで矢面に立って、勝っても負けても自分だけの問題という面があるんですけど、役者の世界は監督さんあっての映画ですし……新鮮ではあるんですけどね」

——ところで道都大では、あのバンカラで有名な「体育塾」の寮生だったんですね。その時期のことが、竹原さんのブログ（「魁!!体育塾!!」）に紹介してありますね。

「そうです。ボロボロでゴチャゴチャな寮でしたね。そこで、ギター弾けよと先輩らに言われれば弾くこともありましたが、当時は曲を作ったりはしていませんでした」

——ギターを持って街に出たりは？

「なかったですね。練習が終わって疲れ果てて寮に帰る。そこでもまた仕事がありますからね。安川さんに結構褒めてくれました。お前、歌いいんだけどなあって（笑）」

## 安川浩樹

消防士（救急救命士）／ボクシングクラブ主宰

1974年北海道生まれ。消防士（救急救命士）。北海道・岩見沢地区消防事務組合／岩見沢ボクシングクラブ主宰。札幌工業高校〜三井石油化学工業〜道都大学。大学卒業後、消防士の道に進む。その後も現役生活を続け、'18年、岩見沢ボクシング協会理事長に就任。'99年全日本選手権LW級準優勝。'99年熊本、'05年岡山国体成年の部LW級優勝。'00年富山国体、'03年静岡国体成年の部LW級準優勝。'01〜'03、'06年全日本社会人LW級優勝。'07年秋田国体LW級3位。'08年大分国体LW級5位。'04年キングスカップ国際トーナメントLW級出場。'14年長崎国体で5位となり、引退。通算143戦114勝（67KO・RSC）29敗。

1＝2018年3月、全日本アンダーJr大会（宮崎）。右は小学5年時から指導している山崎亜姫選手
2＝2017年10月、愛媛国体。成年の部監督を務めた安川

# 山本大五郎　焼肉店経営

1977年京都市生まれ。焼肉店「ほるもん大五郎」（京都市・祇園町）経営。大谷高校〜立命館大学〜金沢ジム。'97年大阪国体成年の部LW級3位。'98年神奈川国体成年の部LW級5位。'99年熊本国体成年の部LW級準優勝。'00年富山国体成年の部LW級優勝。'00年プレジデントカップ国際トーナメント銅メダル。大学卒業後にプロ転向、プロ通算21戦12勝（9KO）5敗4分。日本ランキング1位、東洋太平洋ランキング1位まで上り詰めるもタイトル獲得はならず、31歳で引退し、'14年に現在の店を開業。

1＝2017年6月、山本が経営する「ほるもん大五郎」の店先で
2＝2017年6月、妻・奈緒さんと
3＝2000年、富山国体。総合優勝の天皇杯を手にした京都府チーム（前列左から2人目。最前列右から2人目は少年の部F級優勝の山中慎介）。
4＝2000年、富山国体（右）。

| 1 | 3 |
|---|---|
| 2 | 4 |

## 野田修司　牧師・ゴスペルシンガー

1968年奈良県生まれ。「入間愛の教会」（埼玉県入間市）で牧師を務めるかたわらブルース・ゴスペルシンガー「弦詞人」としても活動。浪速高校〜拓殖大学。'85・'86年全国高校選手権（石川・広島）W級優勝（2連覇）。'85年鳥取国体少年の部団体（大阪代表）優勝。'85年アジア大会ジュニアLW級銅メダル。'92年全日本選手権LM級準優勝ほか。

|   | 2 |
|---|---|
| 1 | 3 | 4 |

1＝2017年9月、野田が牧師を務める「入間愛の教会」で
2＝2017年9月、池袋のライブ会場で
3＝1988年、関東大学リーグ。佐々木学（中央大）戦
4＝2017年9月、「入間愛の教会」裏にある栗畑で。家族とともに

山口圭司　バー経営

1974年北海道生まれ。「函館BarHamed（ハメド）」（大阪市北区）オーナー。函館大学付属有斗高校〜グリーンツダボクシングクラブ〜タイコー小林ジム。'91年全国高校選手権（静岡）LF級優勝。'91年石川国体LF級優勝。アマ通算31戦28勝（11KO・RSC）3敗。プロ通算38戦29勝（11KO）8敗1分。日本LF級チャンピオン（3回防衛）。WBA・LF級チャンピオン（1回防衛）。

1 = 2017年6月、「函館 Bar Hamed」前で
2 = 1991年10月、石川国体・決勝（左）。福永哲也（東福岡高校）戦

## 金岡弘樹 ボクシング・スポーツブランド代表

1973年大阪府生まれ。「rsc products」代表取締役CEO。大阪商業大学高校〜大阪商業大学。'91年高校ランキングMo級3位。'93年全日本ランキングLF級6位。'95年ヨーロッパ・スウェーデンボックスオープン大会F級銅メダル。

1＝2017年6月、金岡が経営する「ｒｓｃ」の東京の店舗で
2＝1991年8月、全国高校選手権（静岡、右）

"ハルク"佐藤 修

ボクシング・パーソナルトレーナー

1976年兵庫県生まれ。元WBA世界Sバンタム級王者。神戸国際大学附属高校。'93年全国高校選手権近畿大会優勝。アマ戦績21戦15勝（4KO・RSC）6敗。プロ通算33戦27勝（16KO）3敗3分。鬼塚勝也に憧れ'95年、協栄ボクシングジムよりプロの道へ。'02年5月、世界王者に再挑戦した一戦で逆転KO勝利を果たし、プロ・アマ年間最高試合賞を受賞。現役引退後は俳優、ボクシング解説者としても活躍。

1＝2017年7月、東京・麻布の「JAMU」にて
2＝1993年8月、全国高校選手権（栃木）開会式

## TEE（石田 智）
ミュージシャン

1982年広島県生まれ。ミュージシャン。広陵高校〜法政大学。16歳からボクシングを始める。大学時代にはアテネオリンピック候補選手として代表合宿にも参加。プロを目指すも大学3年時に怪我のため断念。その後カナダへ留学し音楽に目覚める。'10年、「3度のメシより君が好き」でメジャー・デビュー。セカンド・シングル「ベイビー・アイラブユー」もロング・ヒットを記録しUSENJ-POP総合チャートで初登場以来22週連続チャートインの新記録を打ち立て、"着うた"ダウンロード70万回を超える大ヒットとなる。'11年の「Billboard JAPAN Music Award 2010」で最優秀新人賞を獲得。

1 = 2017年7月、東京・新木場の「studio ageHa」で
2 = 2001年10月、宮城国体（右）。対戦相手はアトランタ、シドニー五輪2大会出場、全日本選手権10連覇（4階級）を果たした奈良県の辻本和正

## 宿敵に感謝する
### 齋藤幸一

　選手宣誓もした地元でのインターハイ準々決勝。選抜で苦戦した高松工芸高校の河野浩紀選手と対戦しました。選抜の時とは違い、思い通りにパンチが当たり相手の得意のショート連打もかわしたのですが、勝利したのは河野選手でした。レフェリー、ジャッジだけでなく関係者全てを恨みました。大学2年のリーグ戦の再選で判定勝利しましたが、そこで燃え尽き、その後は惰性。4年時に母が亡くなり私生活も荒れ、中退後プロになるも中途半端で引退。

　数年後、父も亡くなり、事業で失敗し大借金を抱えゴミ集めの仕事へ。ゴミから出てきたタイヤを綺麗にし、販売する事業がうまく行き、現在の会社を設立。「人を許し、自分を許す」という言葉と出会ったことがきっかけでした。今は、会社の社訓の一つにしています。今回、約20年ぶりに河野選手に会って謝ることができ、ボクシングはスポーツであることを証明できた気がします。人を恨んで誹謗中傷するのは喧嘩。試合後にお互いを称え合うのがボクシングです。若い選手たちは、引退後の人生のほうが長いことを理解し不健康な行いをしないでほしい。河野浩紀君、ありがとう。

### 齋藤幸一　タイヤショップ経営

1975年栃木県生まれ。「アップライジング」代表取締役社長。作新学院高校〜法政大学〜いわき協栄〜イワキ協栄ボクシングジム。'92年山形国体少年の部L級準優勝。'93年全国高校選抜（鹿児島）LW級優勝。'93年全国高校選手権総合優勝。プロボクシングA級トーナメント準優勝（敗戦後24歳で引退）。プロ・アマ通算150戦128勝（97KO・RSC）21敗1分。'93年アジアジュニア大会LW級出場、'95年ルーマニア国際大会LW級出場。'97年キングスカップW級出場。アトランタ、シドニー五輪強化指定選手。

1,2 = 2017年6月、齋藤が経営する「アップライジング」（宇都宮市）で
3,4 = 2017年7月、高松市内にて再会を果たした斎藤と河野
5 = 1993年、全国高校選手権（栃木、右）。河野浩紀（高松工芸高）戦

**河野浩紀** 不動産会社勤務

1975年香川県生まれ。高松工芸高校〜日本大学。「ビーバーホームズ」勤務、「瓦町ぎおん温泉・ゴールデンタイム高松」(高松市) 支配人。'97年全日本選手権W級優勝。'97年国際トーナメント (パキスタン) W級3位、'97年東アジア大会3位、通算123戦105勝18敗、

▲2017年6月、写真集の企画を齋藤 (左) に持ちかけた際、齋藤から「僕のボクシング人生の中で、どうしても謝罪したい相手がいる、会って謝りたい」との申し出があった。7月中旬、高松の市電の電停で落ち合った河野と握手を交わすなり土下座をする齋藤を、河野は「何やってるんだ、そんなことしないでくれよ」と言って引き起こそうとした。河野は後日、「今は特にボクシングに携わっていませんが、この歳になって再会でき、齋藤君には感謝しています。いつわらざる気持ちです」と語ってくれた

# 2

## 世界への飛躍

▲ 現在ANAの国際線パイロットを務める大倉紘平。2017年8月、羽田空港の整備場で

## 大倉紘平(こうへい)

国際線パイロット／ボクシング指導者

1986年東京都生まれ。全日本空輸(ANA)国際線副操縦士／慶應大学ボクシング部コーチ。慶應義塾高校〜慶應義塾大学。'06年度LW級全日本ランキング6位。通算35勝12敗。兄の雄平も慶應義塾高時代の'01年全国高校選手権に出場し、慶應大に進んだ(現在法務省保護観察官)。父・時彦は元慶應大ボクシング部総監督、母・佳子も学生時代ボクシング部マネージャーを務めたボクシング一家。

1=2016年、早慶戦。慶應大のコーチを務める大倉
2=2017年8月、羽田空港にて
3=2006年、関東大学リーグ

## 清水智信　県会議員／塾講師

1981年福井県生まれ。福井県会議員／学習塾「ブルカン塾」（東京都品川区）講師。元WBA世界S.F級王者。北陸高校〜東京農業大学。卒業後、'04年3月、金子ジムよりプロデビュー。'01年宮城国体F級成年の部準優勝、全日本選手権準優勝等。アテネ五輪強化指定選手。'12年4月、WBA世界S.F級王座統一戦に敗れた後引退し、福井県会議員選挙に立候補。アマ通算78戦68勝（25KO・RSC）10敗。プロ通算24戦19勝（9KO）4敗1分。

1＝2017年5月、東京・有楽町にて
2＝2008年2月、第61回全日本大学王座優勝記念祝賀会（日本青年館）。東京農大のチアリーダーだった妻の静恵さんと。
3＝2002年、高知国体、北陸高校時代の清水（右）

## 古川久俊　ボクシング・プロモーター

1961年福井県生まれ。ボクシング・プロモーター／指導者（メキシコシティ在住）。羽水高校〜武生工業高校ボクシング部で指導。'98年福井県高体連ボクシング専門部が復活すると専門委員長となる。'06年教職を辞してメキシコに移住、多数の強豪を育成。'09年優秀指導者賞を受賞。'10年ファン・カルロス・サルガドをWBAの、アナベル・オルティスをWBCの世界王者に育てた他、メキシコナショナル王者、北米王者など数多くの地域チャンピオンを育成。'15年メキシコ・ボクシング協会のプロモーター・オブ・ジ・イヤーを外国人として初受賞。

1＝2018年10月、手にするのは'15年にメキシコボクシング協会より贈呈された最優秀プロモーター賞の盾
2＝2018年10月、メキシコへ向かう前夜、都内で落ち合った教え子らと旧交を温める古川（中央）。右端は愛弟子の森里志
3＝1984年、少年の部監督として出場した奈良国体（右端）

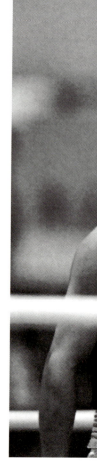

## 仲間達也　医師

1980年沖縄県生まれ。「東京ベイ・浦安市川医療センター」医長。昭和薬科大学附属高校〜宮崎大学医学部(当時は宮崎医科大学)。'98年全九州高校大会Fe級優勝。大学受験に専念するため、10月の国体出場を断念し医学の道を志す。大学卒業後、宮崎市郡医師会病院循環器内科医長・血管造影室主任等を歴任し、'18年3月まで勤務の後'18年4月より現職。心臓・血管のカテーテル治療を専門に行い、全国を飛び回りながら国際学会などにも活躍の場を広げている。

1＝2018年4月、仲間が医長を務める「東京ベイ・浦安市川医療センター」にて
2＝1998年、全国高校選手権(徳島)
3＝2018年3月、全国高校選抜大会(宮崎)。リングドクターを務める仲間
4＝1998年、全九州高校大会。Fe級で優勝

## 木幡 竜（コハタ・リュウ）
映画俳優

本名・木幡竜一。1976年神奈川県生まれ。映画俳優。横浜高校〜中央大学。高校時代は国体F級5位、大学時代は全日本選手権B級5位。プロボクサーなどを経て'04年に俳優となる。ある映画でプロボクサー役のスタント役を演じたことで中国の名監督ルー・チュアンに見初められ、'09年に中国で銀幕デビュー。出演作品に「南京！南京！」等。

1,4 = 2017年7月、横浜の撮影現場で
2,3 = 2017年7月、青山のダイニングカフェ「theater」で仲間たちと
5 = 1995年、関東大学リーグ。大東文化大学戦

| 1 | 2 | 4 |
|---|---|---|
| 3 |   | 5 |

# 浅野真一　大学准教授

1977年愛知県生まれ。米・ウェストバージニア州オスティオパシー医科大学准教授。昭和高校時代にボクシングジム「TeamZero」に通う。帝京大学に進学の後マーシャル大学院で修士、ウエストバージニア大学院で博士号（医学）取得。'95年全国高校選手権B級3位、'95年福島国体少年の部B級準優勝。'96年広島国体少年の部B級5位。

1＝2017年8月、アメリカの浅野とスカイプで中継しての取材
2,3＝B級3位入賞を果たした1995年の全国高校選手権（岡山）。武藤直樹（松戸矢切高校）戦

| 1 | 2 |
|---|---|
|   | 3 |

3

ファイターの血脈

高校1年時の井上尚弥（右下）と家族たち。2010年3月、神奈川県秦野市にある井上ボクシング・スポーツジムにて

## 拳四朗と父・寺地永

### 寺地 永(ひさし) ボクシングジム主宰

1964年京都府生まれ。BMBジム会長（京都府宇治市）。立命館大学〜陽光アダチジム。日本M級王者（3回防衛）、東洋太平洋LH級王者（4回防衛）。プロ通算20勝（11KO）1敗3分。

1＝2017年6月、東京・小石川後楽園にて。新調したてのベルトを手にした息子・拳四朗とともに
2＝1987年、全日本選手権（右）
3＝1994年、プロ時代の寺地

## 拳四朗　プロボクサー

本名・寺地拳四朗。1992年京都府生まれ。現WBC世界LF級王者（'18年4月末現在防衛2回）。奈良朱雀高校〜関西大学〜BMBジム。アマ '09・'10年新潟・千葉国体少年の部LF級3位。'11年山口国体成年の部LF級準優勝。'13年東京国体成年の部LF級優勝。東洋太平洋LF級王者（1回防衛）。日本LF級王者（2回防衛）。WBCユース世界LF級王者。WBC世界LF級王者。アマ通算74戦58勝（20KO・RSC）16敗、プロ通算15戦15勝（8KO）無敗。

1＝2017年11月、大阪市の「トレーニングスポット・エレス」で
2＝2013年11月、全日本選手権（右）
3＝2017年10月、タイトル初防衛を果たしたペドロ・ゲバラ戦

| 1 | 2 |
|---|---|
| 3 |   |

1=2017年6月、プロモーターの瀬端大成(右)が会長を務める「DANGAN」(千代田区)にて。右から2人目は同社社長の古澤将太氏
2=2017年5月、世界タイトル(WBC)初挑戦となったガニガン・ロペス戦の後、父・永と共に

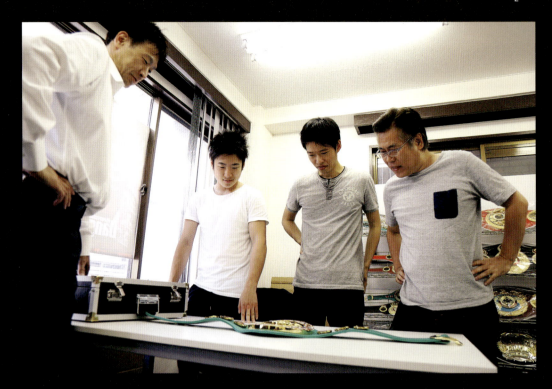

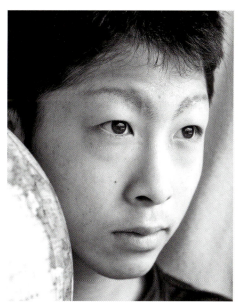

## 井上ファミリーと父・真吾

1 = 2017年5月、WBO世界Ｓ級タイトル戦で5度目の防衛を果たした井上尚弥（中央）と大橋ボクシング・ジムでトレーナーを務める父・真吾（左）、弟・拓真（右、現WBC世界Ｓ級暫定王者）
2 = 2010年11月、全国高校選抜関東予選会（千葉）に臨む井上尚弥。左は父・真吾
3 = 2010年3月、高校1年時の尚弥。自宅にて

## 父・真吾、18歳の決意
### 高尾啓介

　井上尚弥・拓真兄弟の父・真吾は18歳の時、遊び仲間との付き合いを断ち、妻・美穂さんと共に生きようと誓った。家庭団欒(だんらん)への憧れは人一倍強かった。結婚を機に、奮起して独立。塗装業の会社を起こす。

　美穂さんは今も井上ファミリーを支え続けているが、現場での口出しはしない。夫の指導方針を信じているからだ。家族と共に過ごす時間はボクシングの話題で盛り上がることが多いという。

　「僕もボクシングをやりたい」。尚弥は小学校1年の時、トレーニングに励む父の後ろ姿を見て告げた。真吾は、生半可な気持ちでやってほしくないという思いを込めて返した。「父さんはボクシングに嘘をつきたくないから一生懸命やっている。ボクシングに嘘をつかないと約束できるか。どんなに辛くともやめずにがんばり通せるか」。尚弥は静かにうなずいた。

　母子家庭で育った真吾は少年時代、強さへの憧れもあり、空手を習っていた。だが、皆と稽古に励むことは嫌ではなかったものの、次第に道場から足が遠のいた。そんな時、「ジムを見にこないか？」と友に誘われ、そこで見た光景に心が躍った。「ボクサー達が逞(たくま)しくカッコよく見えた。これだと思った」。それから時をおかずにトレーニングを始めた。夜遊びもやめ、リングで輝く自分の姿を想像した。すでに年齢は30歳を過ぎ、アマチュア資格を取ることもできなかったため、出場可能な「おやじファイトボクシング」に出場。全国大会（フェザー級）で優勝を果たす。これまで得られなかった達成感を感じた瞬間だった。

　座間市の自宅近くに、広くて起伏が豊かな公園がある。そこが日々のトレーニングの場である。当時小学1年だった尚弥とまだ幼稚園児だった弟・拓真は父の後ろを追いかけるようにして遊んでいたという。「嘘はつかない」「約束は守る」「挨拶はきちんとする」「間違ったことをしたらすぐに謝る」。昔からの父の格言である。その言葉はいつしかファミリーのチャンピオンロードを支える核となっていった。

1＝2010年3月、神奈川県座間市の自宅近くの公園で
2＝井上尚弥。2009年8月、高校1年時、優勝を果たした全国高校選手権（奈良、左）。奈良朱雀高校・寺地拳四朗戦
3＝井上拓真（右）。2013年8月、全国高校選手権（佐賀）
4＝2009年6月、関東高校大会（群馬、前列右から3人目）
5＝井上浩樹（左）。2012年11月、全日本選手権

| 1 | 2 | 4 |
|---|---|---|
|   | 3 | 5 |

### ◂井上尚弥　プロボクサー

1993年神奈川県生まれ。現WBA・B級王者。元WBC・LF級、元WBO・SF級王者。大橋ボクシングジム所属。'11年インドネシア大統領杯LF級で金、'12年アジア選手権大会LF級で銅、第36代日本LF級王者。第33代OPBF東洋太平洋LF級王者。元WBC世界LF級王者。元WBO世界S.F級王者。ボクシング史上初めて高校7冠獲得、プロ転向後も8戦目での2階級制覇は国内最速記録。アマ通算81戦75勝（48KO・RSC）6敗、プロ通算17戦17勝（15KO）無敗。

### ◂井上拓真（たくま）　プロボクサー

1995年神奈川県生まれ。綾瀬西高校時代の'11年、全国高校選手権P級で優勝。'13年12月、尚弥を追って大橋ジムからプロデビュー。アマ通算57戦52勝（14KO・RSC）5敗、プロ通算13戦13勝（3KO）無敗。

### ▴井上浩樹（こうき）　プロボクサー

1992年神奈川県生まれ。プロボクサー。相模原青陵高校〜拓殖大学（中退）。井上兄弟の父・真吾氏の兄、雄一氏の次男で井上兄弟の従兄にあたる。高校時代3冠を達成。和歌山県の建設会社に就職。'15年10月和歌山国体成年の部LW級優勝、全日本社会人でも優勝し、アマ5冠達成。'15年12月大橋ジムからプロデビュー。アマ通算130戦112勝（60KO・RSC）18敗、プロ通算12戦12勝（10KO）無敗。

## 松本好二・圭佑親子

### 松本好二　ボクシングトレーナー

1969年神奈川県生まれ。大橋ボクシングジム・チーフトレーナー。横浜高校〜専修大学（中退）。高校3年時の'87年全国高校選手権（北海道）、沖縄国体Fe級で準優勝。ヨネクラボクシングジムよりプロ入り。3度目の世界挑戦となるWBA世界Fe級王者フレディ・ノーウッド戦に敗れ引退。アマ通算37勝（20KO・RSC）6敗、プロ通算33戦26勝（15KO）6敗1分。大橋ジムでは川嶋勝重をWBC世界S.F級王者、八重樫東を世界3階級王者、細野悟を東洋太平洋Fe級王者に育てる。川嶋が世界王座奪取を果たした'04年度に「エディ・タウンゼント賞」を受賞。父・弘氏も元ボクサー（東日本Fe級新人王）。

1 = 2017年6月、関東大学リーグ会場（後楽園ホール）にて。息子・圭佑（左）とともに
2 = 1987年、沖縄国体（左）
3 = 1987年、沖縄国体。セコンドは海藤晃氏

$\dfrac{1}{2 \mid 3}$

# 松本圭佑(けいすけ)　アマチュアボクサー

1999年神奈川県生まれ。アマチュアボクサー。横浜市立みなと総合高等学校〜東京農業大学。小学4年生の時にU-15ボクシング大会に初出場で判定負けだったが、5年生からU-15大会で小学生の部で優勝。それ以降、中学生の部を含めて5連覇。みなと総合高校進学後、'16年全国高校選抜大会(福島)F級で優勝。同年の全国高校選手権(広島)で準優勝、和歌山国体F級では堤駿斗(習志野高校)に敗れ準優勝。'16年アジアユース選手権LF級出場。

1−2017年8月、全国高校選手権(福島)。セコンドは父・好二と2代にわたって師事した海藤晃氏
2−2012年9月アンダージュニア大会に出場した息子・圭佑を応援する父・好二(圭佑の左)
3−2018年6月、関東大学リーグ

# 今岡紀行・賢覚兄弟

## 今岡紀行 (のりゆき) 建築関連会社勤務

1970年広島県生まれ。「中電工業」勤務。広陵高校〜法政大学。'88年全国高校選手権(奈良)L級優勝。'87〜'96年国体10年連続出場(L・LW・W級／優勝3回、準優勝3回)。'89〜'95年全日本選手権7回連続出場(W級／優勝3回、準優勝4回)'94・'95・'98年社会人選手権3回出場(W級／優勝2回、LM級・準優勝1回)。ベルリン国際トーナメントに2回出場しLW級3位。KESC国際トーナメントでW級3位。プレアジア大会(広島)W級準優勝。'94年現役引退。'01年広島山陽高校ボクシング部で監督・コーチ就任。'05年7月からジム「スタジオK」で、'15年2月からKOBコンディショニングジムで指導。通算197戦170勝(72KO) 27敗。

1=2017年7月、広島にて。愛息とともに
2=2010年1月、広島山陽高校ボクシング道場にて
3=1988年、全国高校選手権(兵庫)L級決勝(左)。渡辺雄二(沼津学園高校)戦

## 今岡賢覚(よしあき)　ボクシングジム主宰

1972年広島県生まれ。「IBA(IMAOKA BOXING AUTHORITY)」主宰。広島皆実高校〜法政大学〜中国企業〜㈱ふたばを経て現在に至る。'90年全国高校選手権（宮城）W級優勝。'90年福岡国体少年の部W級優勝。'91年石川、'92年山形国体成年の部W級優勝。'93・'94・'96年全日本選手権LM級優勝。'93年徳島、'94年愛知、'96年広島、'97年大阪国体LM級優勝。'96年全国社会人LM級優勝。'93年ゴールデンカップW級ベスト8。'93年メイヤーズカップW級準優勝。'92年バルセロナ五輪アジア予選W級出場。'94年プレジデントカップLM級出場。'95年ソウルカップLM級出場。'95年アトランタ五輪アジア予選LM級出場。'97年東アジア大会LM級3位。

1 = 2017年7月、広島市にある「IBA」ジムで
2 = 1990年8月、全国高校選手権（宮城）W級決勝。倉田郁生（作新学院高校）戦

# 指導者・石原英康と田中亮明・恒成兄弟

## 石原英康　高校教諭／ボクシング指導者

1975年岐阜県生まれ。中京学院大学附属中京高校教師／ボクシング部監督。大垣日本大学高校〜駒澤大学。元東洋太平洋Sフライ級王座（現役時代は松田ボクシングジム所属）。'95年全日本選手権F級準優勝。'05年世界タイトル戦での敗北を機に引退後、教員免許を取得。のちにプロ経験者のアマチュアボクシング復帰が認められるとボクシング部の監督に就任。プロ通算21戦16勝（10KO）4敗1分。教え子・田中恒成はプロデビュー1年7カ月で世界戦に挑戦しWBO世界王座を獲得。

1 = 2017年8月、全国高校選手権（福島）。石原照山選手のセコンドを務める石原
2 = 2011年、全国高校選手権（秋田）
3 = 1995年、関東大学リーグ。セコンドは当時のコーチだった村野健

## 田中恒成(こうせい) プロボクサー

1995年岐阜県生まれ。現WBO世界F級王者('18年〜)。中京学院大学附属中京高校〜中京大学。SOULBOX畑中ボクシングジム所属。幼稚園時より空手に打ち込み、小学5年時、兄とともに多治見市内のイトカワジム（糸川保二郎会長）でボクシングを始める。高校1年時の'11年山口国体LF級で優勝すると2年時の'12年全国高校選手権（新潟）、岐阜国体でも優勝し国体2連覇。選抜でも優勝し高校4冠を達成。国際大会アジアユースL級で銀メダル獲得。全国高校選手権後の'13年8月、元WBC世界S.B級王者・畑中清詞の主宰する畑中ジムに入門。大学在学中の'14年、第17代OPBF東洋太平洋ミニマム級王者となる（のちに返上）。プロ8戦目での世界2階級制覇は井上尚弥と並ぶ日本最速タイ記録。'15年WBO世界ミニマム級王座（防衛1回、返上）、'16年WBO世界LF級王座も獲得（防衛2回、返上）。アマ通算51戦46勝（13KO・RSC）5敗、プロ通算12戦12勝（7KO）無敗。

1 = 2012年8月、全国高校選手権（新潟）
2 = 2011年8月、全国高校選手権（左）、井上拓真戦

# 田中亮明 高校教諭／ボクシング指導者

1993年岐阜県生まれ。中京学院大学附属高校教師／ボクシング部顧問。中京高校〜駒沢大学。幼稚園年長時から空手、中学2年からボクシングを始める。弟の恒成とは'11年の山口国体で兄弟アベック優勝。「プロには興味がない」と駒沢大に進学。1年時の全日本選手権F級で初優勝し、リオデジャネイロ国際トーナメントF級で金メダルを獲得。プレ五輪日本選手の優勝はモントリオール大会W級の関義文（中央大）、F級の永井希仁男（日大OB）以来40年ぶり。駒沢大学3年時まで国体4連覇。中京高校で教師、選手兼ボクシング部コーチとして3役をこなす。アマ通算123戦103勝（54KO・RSC）20敗。

1＝2018年7月、駒沢大ボクシング部道場にて。コーチの林田太郎を相手にミット打ちに励む
2＝2011年8月、全国高校選手権（秋田、右）。井上尚弥戦

1 / 2

44

## 赤井英和・英五郎親子

### 赤井英五郎（えいごろう）　アマチュアボクサー

1994年東京都生まれ。アマチュアボクサー／「赤井組」。12歳からハワイに留学しバスケット、アメフトの選手としても有望視されていたが、'14年からボクシングを始め、帰国の'15年、全日本選手権でベスト8、'18年の全日本社会人選手権大会M級で3試合連続RSC勝ちで優勝を果たす。父は「浪速のロッキー」と呼ばれた元プロボクサーの赤井英和氏。

1,2＝2018年12月、全日本社会人選手権大会（長崎）M級で優勝した赤井。2は準決勝・対古川巨久（神奈川）戦

## 丸亀真・光兄弟と父・恭敬

### 丸亀恭敬（やな のり）　ボクシング教室主宰

1963年広島県生まれ。ボクシング教室「NPOフリースクール・グルービー」代表。広島山陽高校〜東洋大学。'91年、地元小学校の体育館を借り、心身の健康づくりを目的とするボクシング教室を始める。広島県ボクシング連盟でも活動し'04年現在の教室を設立。「ボクシングが強くではなくボクシングで強く!」をモットーに活動を続ける。

1＝2012年9月、ロンドン五輪帰国後の祝賀会で。東洋大の後輩・須佐勝明選手とともに
2＝1985年鳥取国体（F級、左）

◤丸亀 光　プログラマー

1989年広島県生まれ。プログラミング会社勤務。崇徳高校〜法政大学。'06年全日本高校選手権出場。'07年全国高校選抜大会B級3位。全国高校選手権(佐賀)B級準優勝、'07年秋田国体B級準優勝、'08年大分国体B級優勝、全日本選手権B級優勝。

◀丸亀 真(しん)　病院勤務

1985年広島県生まれ。病院勤務。崇徳高校〜東洋大学。'01・'02年全国高校選手権(熊本・茨木)LF級、'01年宮城国体、'02年高知国体F級出場。'02年全国高校選抜3位。

1=弟・丸亀光。2008年10月、大分国体
2=兄・丸亀真。2002年3月、全国高校選抜(福井)

47

# 格闘一家・藤田ファミリー

## 藤田和典　ボクシングジム主宰

1978年愛媛県生まれ。ドリーマージム代表取締役。倉敷古城池高校～倉敷芸術科学大学。少林寺拳法（初段）、相撲、柔道（初段）、極真空手（弐段）の経験をもつ。'96年全国高校選抜（札幌）、全国高校選手権（山梨）に出場。プロに転向後はOPBF東洋太平洋S.Fe級暫定王者を獲得し、プロ通算32戦22勝10敗。

## 藤田大和　総合格闘家

1992年岡山県生まれ。総合格闘家。倉敷高校～拓殖大学～自衛隊体育学校。「リバーサルジム新宿Me, We」所属。幼少時から中学まで空手やキックボクシングの試合に出場。倉敷高校時代は高校3冠。拓殖大学では'11年の全日本選手権B級で、翌年ロンドン五輪で銅メダルを獲得する清水聡に勝利して優勝を果たし5冠を達成。'17年3月自衛隊体育学校を退官。総合格闘家となり、'17年10月の「RIZIN」福岡大会でプロデビュー、那須川天心選手と対戦し、判定で敗れはしたものの好勝負を演じ一躍話題となる。

## 藤田健児　陸上自衛官

1994年岡山県生まれ。自衛隊体育学校ボクシング班。倉敷高校～拓殖大学～自衛隊体育学校。空手一家の長男に生まれる。'09年全国高校選手権（奈良）B級優勝。'09年新潟国体少年の部B級5位。'10・'11年全国高校選手権（沖縄・秋田）L級優勝。'10年千葉国体少年の部L級準優勝。'10年全国高校選抜（群馬）B級優勝。'10年全日本選手権L級優勝。'13・14年全日本選手権B級優勝。'18年福井国体L級優勝で10冠を達成。

1＝2011年8月、全国高校選手権（秋田）で岡山県代表として出場した三男・健児のセコンドを務める次男・大和
2＝三男・健児。2017年6月、自衛隊体育学校にて
3＝2018年11月、全日本選手権の会場で（後列右から時計回りに）長兄・和典、大和、次女・翔子、健児
4＝2011年7月、全国高校選手権（秋田）。L級で優勝を果たした健児（左から2人目）と団体優勝に貢献した大和（右端）、和典（左端）
5＝1996年、全国高校選抜（札幌）でLW級3位となった和典

| | 2 | 3 |
|---|---|---|
| 1 | 4 | 5 |

伊澤源水・諒太親子

### 伊澤諒太　IoT、ロボット開発企業経営

1987年栃木県生まれ。「ハタプロ」代表取締役。作新学院高校〜中央大学。父・源水の影響でボクシングを始める。全国高校選抜、全国高校選手権、国体等に出場。プログラミングとビジネスの知識を独学で身につけ、大学を卒業した'10年に現在の会社を設立。NTTドコモなど大手通信会社と提携しながら人工知能やロボットなど先端技術事業を推進し特許取得。海外政府機関との共同研究なども進めている。

1 = 2017年11月、東京・丸ノ内の新丸ビルにある「ハタプロ」のオフィスで
2 = 2005年6月、関東高校大会
3 = 2005年8月、全国高校選手権（千葉、右）。後に世界最速3階級王者となる井岡一翔（興国高校）戦

## 伊澤源水　NPO法人理事長／ボクシング指導者
（げんすい）

1957年栃木県生まれ。NPO法人「一期一笑〜かみのかわ」理事長。作新学院高校〜日本大学。栃木県の体育館勤務を経て'17年、現在のNPOを設立し障がい者、高齢者をはじめ、地域に根ざした障がい者への共同生活援助事業、障がい者、高齢者の社会参加促進事業、生活援助やボランティア活動に関する事業、科学技術を支援につなげる事業を実践。高校から社会人まで14年の現役生活を通じ150戦以上を戦い、国体、全国高校選手権、全日本大学王座で団体優勝に貢献。通算126勝29敗。

1 | 2

1 = 2019年1月、全国高校選抜関東予選。現在栃木県国体チームの監督を務める伊澤
2 = 1984年、奈良国体（右）。国体には10度の出場

# 古澤和敏・順子夫妻

### 古澤和敏　ボクシング指導者

1951年神奈川県生まれ。横浜総合高校ボクシング部外部指導者。横浜高校〜国士舘大学。高校時代は陸上、大学時代もレスリング選手として活躍したが、大学4年から横浜高校ボクシング部で練習を始める。全日本選手権では'79〜'84年までLH級で2度、H級で4度の優勝を誇る。全日本社会人選手権では'75〜'86年までLH級で6度、H級で2度優勝（全日本社会人・全日本選手権と合わせ14度優勝の経歴を持つ選手は他にない）。'83年アジア選手権大会では銅メダルを獲得。鶴見工業高校〜横浜商業高校（定時制）〜横浜総合高校教員を経て現職。年齢規定を超えた36歳で指導者となりこれまで3校のボクシング部を創設、現在も指導を続ける。

### 古澤順子　ボクシング指導者

1956年神奈川県生まれ。横浜総合高校非常勤講師／ボクシング部外部指導者。日野高校〜横浜市立大学。水泳、テニス、マラソンの経験を持つ。大学卒業後、横浜市立金沢高校〜戸塚高校〜横浜商業高校〜横浜総合高校で教職を歴任。'85年、和敏氏と結婚。現役時代は試合前の練習にも付き添い、現在もセコンドとして夫を支える。横浜総合高校ボクシング部で古澤夫妻が育てた選手では、'16年全国高校選抜（福島）P級の小浦菜々美、'18年全日本Jr女子選手権大会LW級の前田ルナが優勝。

1,2＝1983年11月、全日本選手権。LH級で優勝
3＝2017年3月、全国高校選抜（岐阜）。セコンドを務める古澤夫妻

4
リングが教えてくれた

2012年12月、全日本女子選手権大会。拓殖大学時代の伊藤沙月

## 南出賢一　泉大津市長／人材育成塾塾長

1979年大阪府生まれ。泉大津市長（'17年1月〜）。一般社団法人・松南志塾代表理事。浪速高校〜関西学院大学。'97年大阪国体少年の部Ｂ級5位、'99年全日本選手権（富山）Ｂ級5位。通算35勝12敗。

1 = 2017年6月、泉大津市庁舎の市長室にて
2 = 1997年10月、大阪国体（左）
3 = 2017年6月、泉大津駅前にて
4 = 1997年10月、大阪国体（後列右から3人目）

# 市村 智(さとる) カーペイント工場経営

1970年山梨県生まれ。「イチムラボディーショップ」代表取締役。駿台甲府高校〜拓殖大学(中退)。'87年全国高校選手権(北海道)Mo級優勝、'90年関東大学リーグLF級優勝(団体)。

1=2017年7月、市村が代表を務める「イチムラボディーショップ」にて
2=1987年、全国高校選手権(北海道、右)

# 今井 賢(まさる) 飲食店経営

1972年愛媛県生まれ。千葉県八千代市で串かつ店「マサトラ」経営。新田高校〜近畿大学。'90年福岡国体少年の部W級準優勝、'91年全日本選手権兼バルセロナ代表最終選考会LW級3位。

1=2017年6月、ボクシング仲間が今も集う今井の店「マサトラ」にて
2=1990年10月、福岡国体(右)。鈴木裕介(埼玉)戦

# 福島"茶坊主"寿巳

ビアアーティスト

1977年栃木県生まれ。「SOUJU」代表取締役／ビアアーティスト。作新学院高校〜駒澤大学。'95年福島国体少年の部Fe級3位。

1 = 2017年7月、東京・青山で
2 = 1995年10月、福島国体（右）。清水頭広貴（千葉）戦

## 倉田郁生　ヘアサロン経営

1973年栃木県生まれ。宇都宮市でヘアサロン「Luft」経営。作新学院高校卒。'90年全国高校選手権（宮城）W級準優勝、全国高校選抜（大阪）W級3位、福岡国体W級3位、関東大会優勝（選抜・春・国体）、最後の東西対抗戦にも出場。

1 = 2018年9月、倉田のヘアサロン「Luft」で
2 = 1990年8月、全国高校選手権（宮城）

## 井上正敏　飲食店経営

1972年京都府生まれ。京都駅前で「旬菜・旬魚料理 空海山」経営。南京都高校卒。'90年福岡国体少年の部Ｂ級5位。通算30戦25勝5敗。

1,2＝2017年11月、井上の料理店「空海山」で
3＝1990年8月、全国高校選手権（宮城、右）

| 1 |
|---|
| 2 | 3 |

横田哲典　移動飲食店経営

1972年愛媛県生まれ。「富士宮ヤキソバよこちゃん」経営。松山クラブ〜新田高校〜拓殖大学。'90年全国高校選手権（宮城）LW級優勝、'90年宮城国体LW級準優勝、大学時は国体LW3位、全日本選手権LW級準優勝ほか入賞多数。

1＝1990年、全国高校選手権（宮城、右）
2＝2017年6月、東京国際フォーラムにて

## 光吉康博 農業

1967年佐賀県生まれ。イチジク・レンコン栽培農家／佐賀県指導農業士／佐賀県農業公社理事。佐賀学園高校〜専修大学。

1 = 1989年、関東大学リーグ（右）
2 = 2017年5月、佐賀県川副町のレンコン畑で作業中の光吉

## 諸泉武浩　設計・施工会社経営

1978年佐賀県生まれ。「studioWIDE」代表取締役。龍谷高校卒。建築デザインの専門学校から大工の親方の下に弟子入り、後に独立。現在佐賀市を拠点に住宅・店舗の新築、リノベーションを手掛ける。'94年全九州高校大会、全国高校選手権（富山）等に出場。

1 = 2017年5月、佐賀空港近くで
2 = 1994年6月、全九州高校大会（左）

髙橋泰征(やすゆき) 食品メーカー経営

1976年愛媛県生まれ。「ウィルビー」代表取締役。新田高校〜日本大学。'94年全国高校選手権(富山)LW級優勝。'94年愛知国体少年の部LW級準優勝。'95年福島国体成年の部LW級5位。全日本大学王座決定戦4連覇。'97・'98年全日本選手権LW級優勝。'98年神奈川国体成年の部LW級優勝。通算115戦100勝(77KO・RSC)15敗。

1 = 2017年10月、高橋が経営する「ウィルビー」からほど近い高松市の海岸で
2 = 1994年8月、全国高校選手権(富山、右)

疾の風をおこそう

出端雅光　団体職員
（てばれまさてる）

1989年香川県生まれ。「（独）国立青少年教育振興機構・国立オリンピック記念青少年総合センター」勤務。高松商業高校〜日本体育大学。'08年大分国体成年の部L級5位。'10年千葉国体成年の部L級5位。関東大学1部リーグL級階級賞。'16年全日本社会人L級準優勝。通算60戦39勝21敗。

1＝2017年3月、「国立磐梯青少年交流の家」にて
2＝2011年7月、関東大学リーグ

佐藤択磨　パーソナルトレーナー

1985年北海道生まれ。「ワンアップモチベーション」代表。恵庭南高校〜日本大学〜警視庁を経て現職。'03年静岡国体少年の部LW級準優勝。'05年岡山国体成年の部W級5位。'06年関東大学リーグLW級では全勝優勝。'14年全日本社会人W級優勝。通算71戦60勝（29RSC）11敗。

1 = 2017年9月、大宮市にて、愛息とともに
2 = 2006年、関東大学リーグ
3 = 2017年6月、都内のジムで

67

▲2017年9月、横浜の写真展会場「BankART Studio NYK」にて

## 石川竜一　写真家

1984年沖縄県生まれ。写真家。中学時代から友人に誘われ、平仲ボクシングスクールジムでボクシングを始める。宜野湾高校時代の'02年高知国体で3位入賞。沖縄国際大学在学中の'06年、写真を始める（その後勇崎哲史に師事）。'11年、東松照明デジタル写真ワークショップの3期生となる。'12年『okinawan portraits』でキヤノン写真新世紀佳作。'14年度『絶景のポリフォニー』で日本写真家協会賞新人賞、木村伊兵衛賞をW受賞。近年の主な展覧会に、「okinawan portraits2012-2016」、「BODY／PLAY／POLYTICS」、「六本木クロッシング2016展：僕の身体、あなたの声」、「考えたときには、もう目の前にはない」、「+zkop」など。写真集に『絶景のポリフォニー』、『okinawan portraits2010-2012』、『okinawan portraits2012-2016』（以上赤々舎）など。

▲2017年9月、横浜の写真展会場にて

インタビュー

「写真を続けられるのも、ボクシングをやめた後、
僕よりも強くなっていった選手を見ていて
続けるということが格好よく思えてきたからなんです」

石川竜一　2017年9月14日、於「BankART Studio NYK」（横浜市／聞き手・髙尾啓介）

——写真の世界に入った経緯は？
「ボクシングは一応、中学の時からやっていたんです。高校を卒業する時、遊びたいのもあって、ボクシングはやめて普通の大学に入ったのですが、その時、ボクシング以外何もできなかったということを実感したんですよね。それで結構落ち込んで、鬱っぽくなった。街をフラフラして2、3年落ち込んでいる状態が続きましたね。そんな時、たまたまリサイクルショップのおじさんにカメラを売りつけられて、それがきっかけで写真を撮り始めた。自暴自棄というか、持っているお金を全部使いたいと思ったんです。ちょうどポケットに2千円入っていたから、これを使ってしまおうと思って。千円でカメラを買って、残りの千円で期限切れのフィルムを10本買って、バシャバシャって撮って……」
——その時のカメラは？
「オリンパスのトリップ35というオモチャみたいな可愛いカメラです」
——それがきっかけ？

「そうです。でも、それが壊れてたんですね（笑）。ちょっとムカッときて、バイトして新しいカメラを買い直したんです」
——それからやる気になってきたのですね？
「それが、まだそうでもないんです。ただ、働きたくないから逃げ続けていたようなところがありますね」
——写真に興味があったのですか？
「全くなかったです。親が写真好きだったのですが、どっちかというと写真に対しては、あまり良いイメージがなかったですね」
——それでも親御さんの影響はあったかもしれませんね。
「そうですね。でも、どっちかというとコンプレックスに近いものでした。ただやってみると、写真は記録を残すだけじゃないことがわかった」
——最初にボクシングを選んだきっかけは？

▲2002年、全国高校選手権（茨城）。セコンドは瀬良垣世堅監督

が、中学になった時にサッカー部の1年生はみんな丸坊主という規則。それが嫌で。僕は横着な人間だから、親としては、中学に入ったら格闘技か何かやらせないと変なのに巻き込まれてやられるんじゃないか、と考えていたみたいなんです。それで、平仲ジムだと同世代も多いし、楽しくやれそうな感じだったからという理由で通い出したんです」
——ボクシングだって同じことの繰り返し。それでも続けられたというのは、真面目でコツコツやれるタイプなのでは？
「それはボクシングで教わりましたよね。僕、中学からやっていたのですが、まわりはほとんど遊びながらという感じ。高校に上がって、高1、高2は県で1回戦負け、ずっと負け

ていたんですけれど、相手は全国レベルの選手で、良い試合はできていたから、真面目にやったら勝てるんじゃないかという気持ちはあった。何とか2年の終わりごろから勝てるようになり、全国まで行けたという経験も重なって、性格も手伝ったのか、のめり込むようになりました」
——大学では、もうやる気はなかったのですか？
「そうですね。中学から平仲ジムに通っていたから、周りのボクサーが引退したあとの様子を見ていて、僕にはそれはできないと思ったんです。ほとんど人生すべてを賭ける状態までやらないと、ボクシングって勝てないじゃないですか。やっぱりその意味がわからなかったというか、理解できなかったし、もっと自分ができ

ることをやりたいって思ったんです。続けられるようなものを、と。何かを競うのではなく、普通のサラリーマンになって、週末は家族や友達と遊んで平日は一生懸命働くというのをちょっと夢見ていたということもありました。でも、実際ボクシングをやめてみるとボクシングしかできなくて、人付き合いも下手（へた）で、大学でも人とうまく接することができずに孤立していった。そういう時にカメラに出合ったんです。そんな状態だから、よけいにのめり込んでいくんですね。逃げ道に近いというか。でも、沖縄という場所で情報もないし、目標があった訳じゃないし、ただ写真を撮っていたら楽しいから他のことはやりたくないという状態でした。すると、だんだんボクシングをやっ

ていた時の感覚に近づくような気が
して、まわりが見えなくなってしま
う。諦めがついたというか、自分の
性格ってこういう性格なんだなって
いう風に思えたのはつい最近のこと
ですね」
——3年前、木村伊兵衛賞をとられ
ましたね。
「当時は、沖縄で音楽をやっている
友達と遊びながら1人で写真を続け
ていたんです。僕の写真をちゃんと
見てくれる人もいなかった。そんな
折に写真の師匠である勇崎哲史先生
に出逢ったんです。先生はちゃんと
見てくれました。その後、友達の
紹介でまた3年位して先生と再会し
たのですが——僕は忘れていたのだ
けど、勇崎先生が覚えていてくれて、
いろいろアドバイスしてくれた。と
ても嬉しかったです。そこから先生
の事務所に出入りするようになって、
いろんなところにもついて行った。
そのうち先生の紹介で東京の先生に
写真を見てもらってアドバイスして
頂いたり、そこから写真集の出版や
ギャラリーでの展示などをさせても
らうようになっていったんです」
——写真とボクシングとの関連性は
ありますか？
「高校でボクシングをやめた後、僕
よりも強くなっていった選手がいま
した。結果ではなく、続けていると
いうことがカッコ良く思えてきた。
写真集が出るまで約10年、ずっと
1人で撮り続けてこれたというのは、
そういう同世代の影響が大きいです
ね。それと、最近わかったんですが、
ボクシングって目で見ているようで、
実際は反射的に体が動くじゃないで
すか。見た瞬間に次のことを身体的
に判断するというところが写真も似
てると思うんです」
——石川さんの写真には、争わない
世界観というか……ボクシングは勝
ち負けがはっきりとして非情に過酷
なところがあると思いますが。
「ボクシングをやってる人は誰でも

▲2002年、全九州高校大会

そうだけど、負けることがあるから勝
つことだけが全てじゃないというこ
とは当然わかるはずですね。勝たな
いとやっていけないから頑張るわけ
で。だから、勝ち負けではない、そ
の間のところをやっていけたらいい
な、って」
——思い出に残っている試合はあり
ますか？
「熊本の開新高校に、僕がライバル
だと思っていた奴がいたんです。九
州大会で負けてしまったのですが、
その試合が一番楽しかった。初めは、
全国にはこんな強い奴がいるんだな、

とも思いました」
——今後は、どういう方向へ向かっ
ていくおつもりでしょうか？
「沖縄については、こだわりがある
わけではなくて、自分の身近でとい
う思いがあって、どれだけ身近なも
のが見えるか、そこに反応できるか
写真を始めたころから、目的ありき
で写真を撮るということはしないし
好きな時に好きなことやっている時
に撮る感じなんですね。ドライブに
行って、そこで出逢った人とか風景
を撮るみたいに、フラフラと自然に
いけたらいいなぁって（笑）」

## 山本京平 バー経営

1983年熊本県生まれ。「ちょい呑みバー 8カウント」オーナー。九州学院高校〜自衛隊体育学校。'06年3月退官し、'14年現在のバーを開業。'01年全国高校選抜(山形)LF級3位。'01年全国高校選手権(熊本)LF級準優勝。'01年石川国体LF級3位。'03、'04年全日本社会人B級優勝。'05年全日本選手権B級3位。

1 = 2018年4月、山本が経営するバー「8カウント」の店先で
2 = 2001年、全国高校選手権(熊本、右)。木村悠(習志野高)戦
3 = 2001年、全国高校選手権(熊本)。右は木庭浩一監督(モスクワ五輪F級代表)

# 友部 隆 団体勤務

1967年茨城県生まれ。茨城県国民健康保険団体連合会勤務。県立東海高校～中央大学。'84年関東高校大会LF級優勝。'85年世界Jr選手権、'88年東ドイツトーナメント出場。'88年全日本選手権兼ソウルオリンピック最終選考会LF級準優勝。

1=1997年6月、関東大学リーグ（右）。瀬川設男（拓殖大）戦。
2=2018年4月、茨城・水戸市の自宅前に造設した友部のボクシングクラブ。ボクシング愛好家が集う

渡邊誠一郎　土木建設会社経営

1972年富山県生まれ。「渡邊土木」代表取締役。武相高校〜東京農業大学。'17年まで東京農大ボクシング部コーチを務める。通算60勝（51KO・RSC）18敗。

1＝2017年8月、川崎市にて、子どもらとともに
2＝1989年6月、関東高校大会L級決勝。3試合すべてKO勝ちで優勝

伊藤沙月 会社勤務

1991年宮崎県生まれ。会社勤務。日章学園高校〜拓殖大学〜自衛隊体育学校。中学時代はバスケットボール部に所属していたが、母と日章学園高校ボクシング部の菊池浩吉監督が同級生だった縁もあり、高校進学後にボクシングを始める。'09年、全日本女子の前身、全日本女子ボクシング大会LF級Bパートで優勝。拓殖大学への進学後もボクシングを続け、ロンドン五輪強化選手に選出。'15年4月から女子ボクサー第1期生として自衛官アスリートを育成する機関である自衛隊体育学校ボクシング班に所属し、'15年12月、全日本女子B級に出場3位、翌'16年の第15回大会では準優勝。'17年引退、'18年自衛官を退官。

1 = 2017年6月、自衛隊体育学校にて
2 = 2009年12月、日章学園高校時代の伊藤

釘宮智子 　警察官

1991年奈良県生まれ。警視庁勤務。奈良朱雀高校〜平成国際大学。'08・'09年全日本女子B級優勝。'10・'12年全日本女子L級優勝。'13年全日本女子ではF級、'15年の全日本女子はL級で優勝。国際試合でも台北カップ優勝（2回）、アジア大会出場（2回）、オリンピック予選出場（2回）。'16年引退の後、'18年現役復帰。

1 = 2018年10月、東京・文京区にて
2 = 2009年3月、全日本女子（宮城）

## 後藤知里 会社員

1982年京都府生まれ。「シダックス大新東ヒューマンサービス」勤務。旧姓：水野。中学、高校時代はバスケットボール部に所属し、専門学校に通いながらボクシングを始める。卒業後も保育園の栄養士をしながら続行。引退後も京都府ボクシング連盟の役員を務める。'04〜'09年全日本女子Fe級で6連覇。'06年アジア選手権で銅メダル、'09年アジアインドアゲームズでも銅メダルを獲得。

1 = 2007年2月、全日本女子大会
2 = 2017年6月、近畿高校ボクシング選手権大会会場にて、愛息とともに
3 = 2009年3月、全日本女子大会。ジュニア、シニアを分けず開催していた('11年まで) 当時のA、Bパート各2名の優勝者たち

| 1 | 2 |
|---|---|
|   | 3 |

78

救急救命医として活躍する大橋。2017年6月、千葉にて

# 大橋正樹 医師・救命救急医／リングドクター

1968年兵庫県生まれ。亀田総合病院救命救急センター救命救急科部長。大阪市立大学卒。

1 = 2017年6月、関東大学リーグ。リングドクターを務める大橋
2 = 2017年7月、ドクターヘリで救命に向かう大橋
3 = 2017年7月、勤務先の亀田総合病院救命救急センターにて
4 = 2010年10月、千葉国体。エキジビションマッチに出場した大橋

| 1 | 2 | 3 |
|---|---|---|
|   | 4 |   |

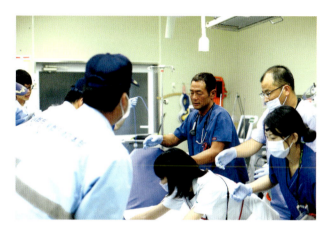

## 内山高志 元プロボクサー／フィットネス・ボクシングジム主宰

1979年長崎県生まれ。元WBA世界S.F級スーパー王者。花咲徳栄高校〜拓殖大学〜久保建設〜自衛隊体育学校〜青和観光〜ワタナベボクシングジム。幼少期に埼玉県春日部市に転居。小学生時代は野球クラブ、中学ではサッカー部に所属していたが、高校進学時にボクシング部に入部。3年時の全国高校選手権でB級ベスト8。大学4年時の'01年、宮城国体で飯田育夫（日本大学）に判定で敗れたものの同年の全日本選手権大会でその飯田を破り初優勝。卒業後、高知県の建設会社に勤務しながら'02年の高知国体で優勝し全日本選手権も連覇。同年のキングスカップではアトランタオリンピック金メダリストのソムラック・カムシンに敗れ銅メダル。同年のアマ部門努力賞を受賞。'03年、全日本選手権3連覇を果たし、国体も含め4冠達成。同年の世界選手権大会に出場し、アマチュア部門年間優秀選手賞を受賞。'04年のアテネオリンピック出場権をかけ日本国内予選を勝ち抜いたがアジア地区最終予選で敗退し本選出場を逃す。同年の埼玉国体で法政大学の細野悟に敗れ一度は引退を考えたが、ワタナベボクシングジムからプロデビュー。第35代OPBF東洋太平洋S.F級王者（防衛5回、返上）。'10年1月、WBA世界S.F級スーパー王者となり防衛9回を果たす（スーパー王座に認定、防衛2回）。国内の世界チャンピオンとして歴代3位となる11回連続防衛の記録をもつ。「ノックアウト・ダイナマイト」の異名を持ち、歴代世界戦のKO率では国内No.1。'17年7月引退後、東京・四谷にフィットネス・ボクシングジム「KO DLAB」を開設。プロ通算27戦24勝（20KO）2敗1分。

1 = 2017年6月、東京・五反田にて
2,3 = 2004年、埼玉国体。セコンドは木庭浩介監督

# 浅井大貴(だいき) 高校非常勤講師／ボクシング指導者

1989年大阪府生まれ。大阪商業大学堺高校非常勤講師／近畿大学ボクシング部コーチ。浪速高校〜近畿大学。'10年千葉国体L級3位。'14年台北市カップ国際ボクシングトーナメントL級3位。'14・'15年全日本社会人L級優勝。'11年10月〜'16年3月、近畿大学ボクシング部監督兼選手として活動の後'16年4月から現職。通算77戦61勝（33RSC）16敗。

1 = 2016年6月、近畿高校大会にて
2,3 = 2018年3月、全国高校選抜大会（宮崎）
4 = 2010年10月、千葉国体（右）。佐藤一喜（自衛隊体育学校）戦

|   | 2 | 3 |
|1  |---|---|
|   | 4 |   |

## 下村浩司(ひろし)　ボクシングジム主宰

1965年佐賀県生まれ。「ジムファイターズJUSTICE」（広島市）代表。佐賀北高校〜中央大学。'82年全日本ランクJrの部L級8位、'85年ランク成年Fe級6位。'86年関東大学リーグL級優秀選手賞。'18年6月でジムは12周年を迎えた。

1 = 1985年、関東大学リーグ（右）
2,3 = 2017年7月、下村が主宰するジム「JUSTICE」にて

## 星 大二郎 和歌山県職員

1985年兵庫県生まれ。和歌山県職員。兵庫工業高校〜東京農業大学。'05〜'07全日本選手権L級優勝。世界選手権出場ほかの実績を残し、'18年現在も現役を続ける。Jビバレッジ勤務後、'15年より現職。

1=2017年5月、後楽園ホールにて（中央）。村田諒太（左）、成松大介とともに
2=2015年10月、和歌山国体（左）。森坂嵐（東京農大）戦

## 杉田大祐 機動隊員／プロボクサー
だい　すけ

1988年東京都生まれ。警視庁第3機動隊所属。現在もプロのリングで活動。駿台学園高校〜東京農業大学。'09年新潟国体成年の部B級5位。'10年関東大学1部リーグL級階級賞。'14年全日本社会人B級優勝。'16年全日本社会人L級優勝。'10年全日本大学王座決定戦団体優勝他入賞多数。アマ通算141戦110勝（47KO）31敗。現在、警視庁所属として初めてプロのリングに立つ。プロ通算5戦4勝（3KO）1敗（'19年1月現在）。

1＝2017年7月、警視庁第三機動隊にて
2＝2006年8月、全国高校選手権（大阪、右）
3＝2016年6月、後楽園ホールにて。家族とともに

## 太田 茂　スポーツジム経営

1970年大分県生まれ。「㈱太田プロモーション」代表取締役／ゴルフスクール、スポーツバー「中央林間ボクシングスタジオ＆バーディークラブ」主宰。大分ボクシングジム〜大分工業高校〜日本大学。高校から本格的にボクシングを始め、大学卒業後、テレビ制作会社でスポーツニュースディレクターとしてあらゆるスポーツの取材、企画を担当。その後プロゴルファーを目指し5年間修行した経験を活かし、ゴルフインストラクターとしてスポーツクラブに9年間勤務。'06年神奈川県大和市にボクシングスタジオを開設。'11年のジム移転と同時にゴルフスクールも開校。'16年より現職。'88年全国高校選手権（奈良）ベスト8、'88年京都国体5位、'90年福岡国体5位（ともにLW級）。全日本選手権3回出場、'90年台北市国際トーナメントカップ出場、通算42戦25勝17敗。

| | 2 | |
|---|---|---|
| 1 | 3 | 4 |

1 = 2017年6月、関東大学リーグ（右）。教え子の松永麟太郎（立教大）と
2 = 1987年8月、全国高校選手権（北海道）。セコンドは裵巖秀勝
3 = 2017年5月、太田が主宰するゴルフスクールで
4 = 1988年8月、全国高校選手権（奈良）

## 吉永幸晴（ゆきはる） 自動車整備工場経営／アマボクシングジム主宰

1980年佐賀県生まれ。「マイカー工房」代表。龍谷高校卒。'03年静岡国体成年の部L級3位。'05年岡山国体成年の部LW級3位。'06・'09・'10・'13年国体（兵庫・新潟・千葉・東京）成年の部W級ベスト8。国体10回出場、'05・'10全日本選手権3位（ともにW級）。

1 = 2017年5月、吉永の経営する「マイカー工房」（佐賀市）で。後方は2018年に開設したアマ専門の「吉永ボクシングジム」
2 = 2014年10月、長崎国体（左）

1 / 2

## 小口忠寛　居酒屋経営／ボクシングトレーナー

1969年長野県生まれ。居酒屋「忠さん劇場」（品川区）経営。ワタナベジムトレーナー。駿台学園高校〜法政大学。'86・'87年全国高校選手権（広島・北海道）出場他。通算30勝18敗24KO。

1 = 1986年、全国高校選手権（広島）
2 = 1986年8月、全国高校選手権（広島、右）。仲村敦（大分）戦
3 = 2017年6月、小口の経営する居酒屋「忠さん劇場」で

| 1 | 2 |
|---|---|
| 3 |   |

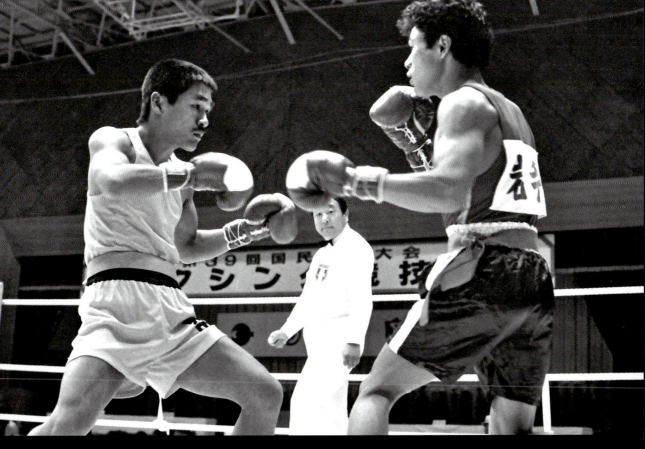

## 桜井靖高　ボクシングトレーナー

1963年埼玉県生まれ。多寿満ボクシングジム・トレーナー。川越商業高校（現・市立川越高校）〜拓殖大学。日本大学出身の元全日本選手権LW級チャンピオン・高田安信氏より小学生の頃から指導を受ける。高校にボクシング部はなく多寿満ジムで練習していた。'84年全日本選手権F級9位。アマ通算45戦30勝（11KO・RSC）15敗、プロ通算18戦8勝8敗2分（プロ時代は日本F級3位）。

|   | 2 |
|---|---|
| 1 | 3 | 4 |

1＝2016年6月、狭山市にて
2＝1984年、奈良国体。瀬川正義（岩手）戦
3＝2016年6月、桜井がトレーナーを務める多寿満ボクシングジムの田島柾孝会長
4＝2016年6月、多寿満ボクシングジムの近くで

# 曽根崎武吉 ドイツ料理店経営

1972年千葉県生まれ。ドイツ料理店「バーデンバーデン」経営／サンライズ商会代表取締役。習志野高校〜拓殖大学。民間企業に勤務後、高校教員となる。'16年3月まで習志野高校ボクシング部監督を務める。

1 = 2017年7月、関東大学リーグで審判を務める曽根崎(後楽園ホール)
2 = 2016年3月、全国高校選抜（兵庫、左）。習志野高校ボクシング部監督として最後の大会。F級で優勝した堤駿斗と(堤は同年、日本初の世界ユース選手権F級で優勝)
3 = 2017年12月、曽根崎が店長を務める東京・有楽町のドイツ料理店「バーデンバーデン」で。妻の和美さんと
4 = 1999年、関東高校大会（右）

# 三好大成 ボクシングジム主宰

1974年大阪府生まれ。ボクシングジム「ボクシングアカデミーBB」会長。大阪体育大学浪商高等学校〜東京農業大学。'96年広島国体他、多くの全国大会に出場（最高成績はベスト8）。'01年全日本選手権を最後に引退。'08年に現在のジムを開設。

1＝2017年6月、近畿高校大会。左は小学生の頃から指導してきたF級の布元寿弥（浪商高校）
2＝1995年、関東大学リーグ（右）。柳川荒士（中央大）戦

# 葛西裕一
（ゆう いち）

ボクシングジム主宰／ボクシング解説者

1969年神奈川県生まれ。GLOVESカーディオボクシングジム会長。横浜高校〜専修大学（中退）。'87年全国高校選手権（北海道）B級優勝。'87年沖縄国体B級優勝。大学中退後、'89年帝拳ジムよりプロデビュー。第20代日本Jr.Fe級チャンピオン。第21代OPBF東洋太平洋Jr.Fe級チャンピオン。通算29戦24勝（16KO）4敗1分。

1＝2017年7月、東京・世田谷にて
2＝1987年、全国高校選手権（北海道、右）。対戦相手は後に全日本選手権B級王者となる伊丹雅人（本庄高校）

## 宮田豊三　ボクシング・フィットネスクラブ主宰

1970年東京都生まれ。「六本木ファイトクラブ」代表・兼トレーナー。横浜高校〜法政大学。'87年全国高校選手権(北海道)LW級準優勝。'87年沖縄国体少年の部LW級団体戦準優勝。'92年全日本選手権LW級3位。

1 = 2017年10月、東京・六本木にある宮田のジム「六本木ファイトクラブ」で
2 = 2017年10月、六本木の路上で
3 = 1987年、全国高校選手権(北海道)準決勝戦(右)。水城四郎(福岡)戦

## 三谷大和 ボクシングジム主宰
(みたにやまと)

1971年岡山県生まれ。三谷大和スポーツジム会長。岡山県山陽高校（現・おかやま山陽高校）～早稲田大学。'88年全国高校選手権（奈良）Fe級優勝。大学進学後、'89・'90・'92年の全日本選手権Fe級で優勝。'89年世界ジュニア選手権、'90年アジア大会Fe級、'91年世界選手権Fe級出場。'92年山形国体L級優勝。'93年、三迫ボクシングジムからプロデビュー。'95年日本S.F級王座、同年OPBF東洋太平洋S.F級王座を獲得後、ベルトを返上し、WBA世界S.Fe級王座に挑戦するも、崔龍洙と3度の激闘空しく王座獲得はならなかった。'97年11月OPBF東洋太平洋S.Fe級王座獲得。'98年6月、2度目の防衛戦で長嶋健吾と対戦。判定負けとなり、この試合を最後に引退。アマ通算104戦91勝（62KO・RSC）13敗。プロ通算16戦12勝（9KO）4敗。

1 = 2017年6月、千葉県八千代市にある三谷大和ジムにて
2 = 1996年1月、世界王座初挑戦となったWBA世界S.Fe級王者イ・スング戦（惜しくも判定負け）。
3 = 1989年、Fe級で優勝を果たした全日本選手権（福岡）。山田渉（自衛隊体育学校）戦

# 前田真一　高校教諭／ボクシング指導者

1971年佐賀県生まれ。高志館高校教諭／ボクシング部監督。佐賀工業高校〜東京農業大学。佐賀県庁（嘱託）〜建設会社を経て現職。'91年石川国体、'94年愛知国体、'95年福島国体（いずれもB級）優勝。'93・'95年全日本選手権B級優勝、アトランタオリンピックアジア予選（B級）出場。通算93戦81勝12敗。

1＝1995年、福島国体（左）。B級で優勝した前田。小山田裕二（鹿児島）戦
2＝2018年12月、全国女子Jr選手権。B級の古賀舞琴のセコンドを務める前田
3＝2018年3月、全国女子Jr選手権（中央）。P級の貞松優華（左）とB級の古賀舞琴（いずれも高志館高校）がW優勝

6

## 関根裕典 <sub>ひろのり</sub>　高校教師／ボクシング指導者

1986年埼玉県生まれ。日本大学ボクシング部コーチ（監督代行）／秀明英光高校ボクシング部顧問。秀明英光高校〜日本大学。'04年埼玉国体少年の部LW級優勝。アジアユース大会LW級銅メダル。'11年世界選手権兼ロンドンオリンピック予選代表コーチを務める。

1＝2017年8月、自衛隊体育学校のジムで
2＝2004年、埼玉国体

## 三浦数馬 <sub>かずま</sub>　ボクシング指導者

1979年年青森県生まれ。現東洋大学ボクシング部監督。弘前実業高校〜東洋大学。ドリームボクシングジムよりプロへ。元・日本S.B級王者。アマ通算37戦20勝（6KO・RSC）17敗。プロ通算16戦12勝（5KO）1敗3分。

1＝2018年5月、関東大学リーグ
2＝1990年、全国高校選手権（宮城、左）

## 高橋雄介　大学職員／ボクシング指導者

1985年山形県生まれ。東京農業大学財務部経理課勤務／同大ボクシング部コーチ。新庄北高校〜東京農業大学。'05年全日本選手権LW級優勝。入賞も多数。

1＝2017年7月、関東大学リーグ
2＝2007年、関東大学リーグ（左）

## 林田太郎　大学職員／ボクシング指導者

1989年千葉県生まれ。駒澤大学職員／ボクシング部コーチ。習志野高校〜駒澤大学。'09年奈良国体少年の部LF級ほかで優勝。'09年世界選手権（ミラノ）LF級日本代表。'08〜10年全日本選手権選手権LF級3連覇。'12年全日本社会人F級優勝。'09〜'11年国体LF級3連覇。'08〜'10年年間優秀選手賞アマチュア部門3年連続敢闘賞。通算95勝15敗。

1＝2017年7月、関東大学リーグ
2＝2009年11月、全日本選手権（左）

**星野大輔**　大学運営企業勤務／ボクシング指導者

1981年東京都生まれ。「紅陵企画」勤務／拓殖大学ボクシング部コーチ。花咲徳栄高校〜拓殖大学。拓殖大学在学2年時に疾患にて選手生活を断念、その後は選手のサポートへ。全国高校選手権ベスト8、国体出場。

1＝2017年7月、関東大学リーグ（前列中央）
2＝1999年8月、全国高校選手権（岩手、左）

1｜2

**西條貴陽**（たかや）　大学職員／ボクシング指導者

1993年群馬県生まれ。中央大学職員／中央大学ボクシング部コーチ。群馬県太田東高校〜中央大学。'10年全国高校選抜W級優勝。'10年全国高校選手権W級優勝他入賞多数。

1＝2010年8月、全国高校選手権（沖縄、右）。セコンドは樋口伸二監督
2＝2017年6月、関東大学リーグ。岡澤セオンのセコンドを務める西條（左から2人め）

1｜2

## 齋藤 大（だい）　造園会社勤務／ボクシング指導者

1985年福島県生まれ。法政大学ボクシング部コーチ。福島明成高校〜法政大学。高校時代、法政大OBであった野宮監督の指導によりボクシングを始める。'11年山口国体・福島県成年の部監督を務める。'03年全国高校選抜ベスト8。'06年全日本選手権F級3位。'10年全日本実業団F級優勝・最優秀選手賞。同年千葉国体成年の部F級優勝他。

1＝2017年7月、関東大学リーグ。法政大学ボクシング部コーチの斉藤大（左）とOBの鳥谷部諒佑氏
2＝2006年7月、関東大学リーグ（左）

## 佐藤友治（ともはる）　証券会社勤務／ボクシング指導者

1967年東京都生まれ。慶応義塾高校・大学ボクシング部監督／SMBC日興証券勤務。慶應義塾高校〜慶應義塾大学。社会人となるまで10年間の現役生活を送る。卒業後、慶応大学、高校のコーチ及び監督として25年間指導に携わる。国内の証券会社で10年間勤務の後、外資系の現職に転職し、依頼企業の買収合併、資金調達等を担う。'09年よりSMBC日興証券に転籍し、現在マネジメントディレクターとして活躍中。'88年全日本選手権B級3位他。

1＝2017年6月、関東大学リーグ（前列左）
2＝1988年、全日本選手権（右）

### 木庭浩介 高校教諭／ボクシング指導者

1960年熊本県生まれ。花咲徳栄高校教諭。九州学院高校〜日本大学。高校時代は柔道部とボクシング部に所属。'79年全国高校選手権（滋賀）LM級3位。'80年全日本選手権出場。花咲徳栄高校では35年、平成国際大学では20年にわたりボクシング部監督を務める。兄の浩一氏は九州学院高校ボクシング部監督。

1＝2018年6月、関東大学リーグ（右）
2＝1993年8月、全国高校選手権（栃木、前列中央）

1 | 2

### 浅村雅則 大学講師／ボクシング指導者

1965年東京都生まれ。日本体育大学講師／ボクシング部監督。沼津学園高校〜日本体育大学。'83年全国高校選手権（愛知）出場、'86年全日本選手権、'87年沖縄国体出場。

1＝1983年8月、全国高校選手権の出場者たちと（前列右端）
2＝2017年7月、関東大学リーグ入れ替え戦（右）

1 | 2

# 井崎洋志
### (ひろし)

広告代理店勤務／ボクシング指導者

1968年東京都生まれ。広告代理店勤務／元・立教大学ボクシング部総監督（'18年11月仕事上の都合で退任）。立教大学卒。'90年全日本選手権F級3位。通算16勝（10RSC）4敗。

1＝2017年7月、東京・赤坂にて
2＝1990年、関東大学リーグ3部決勝（左）
3＝2018年6月、関東大学リーグ。コーチセコンドとして観戦する井崎

# 佐藤昭一
あきかず

病院勤務／ボクシング指導者

1968年埼玉県生まれ。専修大学ボクシング部コーチ／船橋総合病院勤務。越谷東高校〜専修大学〜鈴屋（イスト）。高校にはボクシング部がなく草加有沢ジムに通う。埼玉県ボクシング連盟の八巻紀男氏の指導で特別許可で埼玉予選に出場。'86年関東大会F級優勝、全国高校選手権（広島）F級ベスト8。大学1年時に出場した関東大学リーグ戦の1部で優勝。'91年全日本選手権Fe級初優勝、バルセロナ五輪アジア地区予選日本代表。'95年全日本社会人Fe級で優勝後引退。専修大学・獨協大学コーチを経て専修大学コーチに復帰。現職では巡回健康診断部門のリーダーを務める。通算65戦50勝（37KO・RSC）15敗。

1,3＝2013年7月、佐藤の勤める船橋総合病院にて
2＝1987年、関東大学リーグ（右）。友部隆（中央大）戦

# 7

## 五輪ボクサーたちの今

▲1986年、沖縄にて開催された全日本選手権の優勝者たち。左からLF級・黒岩守（日本大アシックス）、F級・瀬川正義（拓殖大・日連推薦）、B級・山田渉（拓殖大・山梨）、Fe級・清沢利安（拓殖大・長野）、M級・大江至（拓殖大OB・山梨）、W級・高橋良秋（拓殖大OB・山梨）、SH級・徳永数馬（昭和大・日連推薦）、LH級・屋嘉部進（専修大・沖縄）、LM級・荻原千春（自衛隊体育学校・日連推薦）、LW級・三浦国宏（拓殖大・岩手）、H級・佐藤恒夫（日体大・神奈川）、L級・赤城武幸（日本大OB・日連推薦）

## 瀬川正義
### 山梨県職員（ロス五輪代表）

1961年岩手県生まれ。山梨県富士・東部建設事務所用地課長／ロス五輪F級代表。宮古水産高校〜拓殖大学。高校2年時の全国高校選手権Mo級準優勝、3年時は優勝。同年の第1回世界ジュニア選手権（横浜）で銅メダル、'81・'82年の全日本選手権LF級2連覇、'83〜'86年の全日本選手権F級で4連覇を果たす。'85年全日本社会人B級優勝、'86年にはF級で優勝。世界選手権には2度出場し、'81年ミュンヘン大会ではLF級ベスト8（その年は世界ランキング5位を記録）。アジア大会にも2度出場、'82年ニューデリー大会でLF級銅、'86年ソウル大会ではF級1回戦敗退（相手はソウル五輪F級で金メダルを獲得した韓国選手）。'84年ロス五輪では2回戦敗退。

1 = 2018年6月、関東大学リーグ。審判を務める瀬川
2 = 1983年、関東大学リーグ（右）。黒岩守（日本大）戦。ロス五輪代表同士の対戦

## 黒岩 守　会社勤務（ロス・ソウル五輪代表）

1962年群馬県生まれ。会社勤務。ロス、ソウル五輪LF級代表。伊勢崎工業高校〜日本大学〜アシックス。'80年全国高校選手権（愛媛）Mo級優勝。'83・'84・'86〜'88年全日本選手権LF級優勝。'85年鳥取国体成年の部LF級優勝。'81・'85年キングスカップLF級出場。'82・'84年ゴールデンベルト国際LF級出場。'82・'83年ピョンヤン国際LF級出場。'83年アジア選手権LF級準優勝。'84年ロス五輪LF級5位。'86・'87年アジア選手権LF級3位。'87年ソウルカップ（プレ・ソウル五輪）LF級3位。

1＝2018年5月、関東大学リーグで審判を務める黒岩。左は川谷剛史（東洋大）
2＝1984年、全日本選手権（左）。大橋秀行（神奈川県・専修大）戦

113

## 副島保彦 （そえじま やすひこ） 群馬県職員（モスクワ五輪代表）

1959年佐賀県生まれ、神奈川県育ち。「群馬県生活文化生活局スポーツ部・スポーツ振興センター」勤務／モスクワ五輪LW級代表。横浜高校〜中央大学。'76・'77年全国高校選手権（石川・岡山）LW級優勝。'76年佐賀国体少年の部団体優勝。関東大学リーグ（4年間）全試合出場・全勝。'80〜'82年全日本選手権LW級優勝。'82年全日本社会人LW級優勝。'77年第8回アジア大会、'79年世界選手権（プレ・モスクワ五輪）出場。'80年アジア選手権LW級優勝。通算199戦186勝（110KO・RSC）13敗。

1＝2017年6月、群馬の自宅で
2,3＝1983年、群馬国体（左）。田名部雅寛（拓殖大）戦

# 樋口伸二

高校職員／ボクシング指導者（モスクワ五輪代表）

1959年熊本県生まれ。伊勢崎工業高校勤務／中央大学ボクシング部監督／モスクワ五輪Fe級代表。東海大学第二高校〜中央大学。板倉高校、太田東高校を経て伊勢崎工業高校の学校司書、同ボクシング部顧問となる。'17年より中央大学ボクシング部監督を務める。'77年全国高校選手権（滋賀）Fe級準優勝。大学時代は'80年の全日本選手権Fe級で初優勝。'82年アジア選手権で銅、アクロポリスカップで銀メダルを獲得。キングスカップでは銅、アジア選手権で銀、アジア大会で銅メダル獲得。'83・'84年も全日本選手権Fe級で準優勝。通算142戦121勝21敗。

1＝2017年6月、関東大学リーグ（右）
2＝1984年、奈良国体（右）

1 | 2

# 中村 司

高校教諭／ボクシング指導者（モスクワ五輪代表）

1957年佐賀県生まれ。高崎工業高校教諭／ボクシング部監督／モスクワ五輪LF級代表。中央大学高校〜中央大学。'80年第4回アクロポリスカップLF級優勝、アジア選手権大会3位、'81年全日本社会人F級優勝。'83年の群馬国体を機に高校教員となり、ボクシング指導者としてのキャリアを開始。全国高校ボクシング専門部副委員長も歴任。

1＝2017年10月、愛媛国体
2＝1989年、札幌国体（右）

1 | 2

# 内山 昇(のぼる)

ブライダル企業経営（モントリオール五輪代表）

1954年鹿児島県生まれ。「エバーオンワード」代表取締役／モントリオール五輪LF級代表。鹿屋工業高校〜中央大学。'74年アジア大会で銅、'75年アジア選手権では銀メダルを獲得。全日本選手権はLF級で3連覇。全日本大学王座決定戦も2〜4年まで3連覇。通算126戦112勝14敗。

1＝2018年3月、全国高校選抜の会場（宮崎）で。中村司氏（左）とともに
2＝1985年、全国高校選手権（石川）。セコンドを務める内山（鹿屋工業高校でコーチをしていた頃）

# 高見公明
### (ひろ あき)

高校教諭／ボクシング指導者（ロス五輪代表）

1960年佐賀県生まれ。王寺工業高校教諭／同校ボクシング部監督／ロス五輪B級代表。大阪体育大学浪商高校〜大阪体育大学。高校時、2年連続全国高校選手権優勝。大阪体育大学を経て奈良県立王寺工業高校で指導者兼選手として全日本選手権に出場し4回優勝。ロス五輪では3回戦敗退。'91年奈良工業高校に赴任しボクシング部を設立。指導した選手に、アトランタ・シドニー五輪に2大会出場し全日本選手権10連覇（4階級制覇）を果たした辻本和正や元WBA世界S.F級王者・名城信男、女子アマチュア6連覇の釘宮智子らがいる。

1＝2017年6月、近畿高校選手権会場で
2＝1986年、全日本選手権（右）。対戦相手は奈良県初の全国高校選手権優勝者・故・中西利一（拓殖大）

# 仁多見史隆(にたみふみたか)  高校職員／ボクシング指導者（アトランタ五輪代表）

1974年新潟県生まれ。開志学園高校ボクシング部監督／アトランタ五輪LW級代表。興農館高校〜東京農業大学。'92年、高校3年時の全国高校選手権（宮崎）・選抜・山形国体少年の部LW級で優勝し3冠を達成。大学時代は'93年〜'96年の4年間、関東大学1部リーグで副島保彦に続く2人目の全試合勝利を達成。この間'94年の愛知国体では成年の部LW級で優勝。'94〜'96年の全日本選手権3連覇、'95年福島国体、'96年広島国体の成年の部LW級優勝。4年時の'96年には第3次アジア予選（キングスカップ）LW級優勝を果たしアトランタ五輪代表となる。卒業後現職となり、'97年なみはや国体成年の部W級で優勝。'99年から新潟県の国体少年の部男子監督、新潟県ボクシング連盟副理事長、日本オリンピック委員会強化スタッフを歴任。通算151戦141勝10敗。

1 = 2017年3月、全国高校選抜（福島）
2 = 1996年、広島国体（右）。石田順裕（近畿大）戦

## 川上雅史 会社勤務（バルセロナ五輪代表）

1972年栃木県生まれ。「三菱地所リアルエステートサービス」パーキング営業部／バルセロナ五輪W級代表。作新学院高校〜中央大学。'89年全国高校選手権（愛媛）LM級優勝。'91・'92年国体（石川・山形）成年の部LM級優勝。'92年全日本選手権LM級優勝。関東大学リーグ戦優秀選手賞受賞3回、敢闘賞受賞1回。'92年メイヤーズカップ（五輪アジア2次予選）W級準優勝。

1＝2017年7月、東京・大手町の勤務地近くで
2＝1989年、全国高校選手権（愛媛、左）。セコンドは川島八郎監督
3＝1989年6月、関東高校ボクシング大会

| 1 | |
|---|---|
| 2 | 3 |

119

村田諒太　プロボクサー（ロンドン五輪金メダリスト）

1986年奈良県生まれ。プロボクサー（前WBA世界M級王者）／ロンドン五輪M級金メダリスト。南京都高校〜東洋大学〜東洋大学職員〜帝拳ジム。中学時代の恩師の勧めでボクシングを始める。南京都高校（現・京都弘学館）の故・武元前川監督の指導により2年時の全国高校選抜・全国高校選手権・国体の3冠を達成し高校では5冠に輝く。東郷武総監督率いる東洋大学へ入学後、関東1部リーグで活躍、'05年アジア選手権M級銅メダル。卒業後、東洋大職員としてボクシング部コーチを務める傍ら選手に復帰。'11年インドネシア大統領杯M級金メダル。'11年世界選手権M級銀メダル。'12年ロンドン五輪に出場、M級で'64年東京五輪の櫻井孝雄以来48年ぶりの金メダルを獲得。アマ通算138戦119勝（89KO・RSC）19敗。プロ通算16戦14勝（11KO）2敗。

1＝2018年4月、WBA世界M級王座の初防衛戦での村田
2＝南京都高校時代の村田
3,4＝2012年8月、国体近畿予選。アマ最後の試合。故・武元前川監督の名を刻んだTシャツで試合に望んだ
5＝2012年ロンドン五輪M級準決勝。勝利の雄叫びを上げる村田

| | 2 | 3 |
|---|---|---|
| 1 | 4 | 5 |

# 川内将嗣
###### かわち まさつぐ

陸上自衛官（北京五輪代表）

1985年佐賀県生まれ。陸上自衛官／北京五輪LW級代表。佐賀龍谷高校／佐賀ボクシングクラブ〜専修大学〜自衛隊体育学校。剣道一家に育ち、小学校3年時から中学まで剣道に打ち込む。高校進学後、佐賀ボクシングクラブの山口正一氏のもとでボクシングを始める。3年時にはL級で3冠。専修大学2年時、全日本選手権W級優勝。3〜4年時には全日本選手権LW級で優勝。国体でも3連覇を果たす。大学時代、国内では後の第38代OPBF東洋太平洋W級王者・亀海喜寛戦の1敗のみ。'07年、大学4年時の世界選手権に出場。29年ぶり2人目の銅メダルを獲得し'08年北京オリンピック出場権を獲得。'07・'08年度ともにプロ・アマチュア年間表彰選手選考会でアマチュア部門最優秀選手賞。'09年アジア選手権で銅メダルを獲得し世界選手権に出場。同年の全日本選手権（LW級）に出場し5連覇を果たすとともに3大会連続のMVPを獲得。AIBAプレジデントカップでも銅メダルを獲得。現役選手を除く歴代のオリンピック・世界選手権代表となったメダリストがいずれもプロに転向する中、アマ一筋を貫く。

1 = 2011年11月、全日本選手権
2 = 2002年、九州高校大会

# 清水 聡
###### さとし

プロボクサー（北京五輪代表／ロンドン五輪銅メダリスト）

1986年岡山県生まれ。プロボクサー／ロンドン五輪B級銅メダリスト。岡山関西高校〜駒澤大学〜自衛隊体育学校〜ミキハウス〜大橋ジム。'04年埼玉国体、'07年の全日本選手権（技能賞も獲得）、'07年秋田国体で優勝。'05・'07年世界選手権出場。'08北京五輪Fe級出場。'12年ロンドン五輪B級で銅メダルを獲得。駒澤大学出身者として初の五輪個人競技メダリストとなる。第48代OPBF東洋太平洋Fe級王者。アマ通算170戦150勝（70KO・RSC）20敗。プロ通算8戦8勝（8KO）無敗。

1 = 2017年7月、横浜の大橋ジムにて
2 = 2012年8月、ロンドン五輪。準決勝進出を果たした一戦
3 = 2012年8月、銅メダルを獲得したロンドン五輪（左）。村田諒太とともに

「プロに転向したころは、
アマ王者としての
プライドを持っていました。
アマ全体がなめられないよう、
プロを圧倒することが
大切だと思っていました」

——内山高志

特別対談
**私たちが目指した五輪**

内山高志（元WBA世界王者）×山田渉（わたる）（自衛官・ソウル五輪代表）
2017年6月　於「バーデンバーデン」（東京都千代田区有楽町／司会・髙尾啓介）

——お二人は拓殖大ボクシング部の先輩後輩です。二人きりで向かい合って話されるのは初めてですよね。

**内山**　ええ。今日は山田先輩と対談できて大変光栄です。花咲徳栄高校時代から、拓殖大におられた山田先輩には憧れていました。僕も拓殖大へ推薦で入ったわけですが、1年の時はまだ出場させてもらえませんでした。大学2年時のリーグ戦で全勝したら特待生になれるという話があったのですが、結果は4勝1敗（4RSC）。シドニー五輪の代表にもなった日大の塚本秀彦氏との1戦に負けてしまったんです。特待生の話も消え、悔しかったことを思い出します（笑）。

**山田**　私は駿台学園高校からプロを目指していて、拓殖大には特待生で入学することができたんです。プロで世界チャンピオンになることを目指していましたから、当然強い大学へ、という思いでした。その当時は58勝1敗です。全国高校選手権の決勝で佐賀の森田博利選手に2－3で負けたんです。それ以外ほぼRSC勝ち。今でも思い出す悔しい試合だったですね。通算180戦160勝（120KO・RSC）20敗。今は論語なんかを勉強しているんです。ボクサーの道にも通じる教えが数多くありますよ。

**内山**　僕のアマチュア時代の公式記録は113戦91勝（59KO・RSC）22敗です。プロに転向したころは、アマ王者としてのプライドを持っていました。でも、負けたらアマチュア全体が軽視されかねない。プロはアマを下に見ている傾向がありますが、アマがなめられないためにもプロを圧倒することが大切だと思っていました。今でもそうした気持ちは変わりません。

**山田**　私も、これまでダウンを取られた試合はありましたが、そこからすべて倒し返して勝利したことが自慢です。唯一倒しきれなかったのが

「2度目の五輪を
目指していましたが、
政治的な問題で出場できず、
無念の思いで引退しました。
すべての経験が
自分の財産です」
　　　──山田 渉

高校の時に戦った高橋直人選手だけですが、最後はフルマークで逆転勝利できました。
**内山**　アマ時代には勝利を確信した試合で判定負けになった理不尽な経験もありましたが、それを糧にしてプロでリベンジする気持ち、反骨心、野心のようなものを忘れないようにと。
**山田**　内山選手の、上下を打ち分けるパンチ、正確に決めるボディーブローでのKOシーンは爽快ですね。
**内山**　ボクシングは難しい。スタイルを確立するのに10数年かかりました。強さを追求するには、まずはルールを守ること。そして毎日同じことを繰り返し行うこと。センスより努力を重ねる忍耐力が必要で、真面目な人間じゃないとボクシングは続かないですよね。
**山田**　もちろん共感します。人間形成に相応しい競技だと思います。目標に向かって日々鍛錬する忍耐力、持久力。気を抜くとすぐに周りに追い越されてしまうし対戦者にも敗れる。まずは己に勝つことが出来ない人間はボクシングを続けられませんね。
**内山**　そういう意味でもボクシングは素晴らしい競技。上には上がいる、自分がいかに弱いか、小さいか認識することが出来るスポーツです。や

んちゃで不良と言われた少年が、ボクシングと出会って成長したという例はよく聞きますね。
**山田**　ボクサーの条件は、自分の管理ができること、自分をコントロールする力、時間を守ること、周りに感謝の気持ちを持つ、人の痛みを知るなど、色々ありますね。私は2度目となるオリンピックを目指していましたが、不条理にも政治的な問題で出場できず、無念の思いで引退しました。でも、すべての経験が自分の財産ですね。

**内山**　僕もアマ時代はオリンピックの舞台を夢見ていましたが、かないませんでした。ただ、応援者や支援者に恵まれたおかげでプロのリングへ行くことができました。私にとってもオリンピックはあこがれの舞台です。ゆえにオリンピアンの山田先輩を尊敬しています。今日は本当にありがとうございました。

＊後記：この対談の1ヵ月後、内山選手は引退を表明しました。

# 山田 渉(わたる)　陸上自衛官(ソウル五輪代表)

1966年東京都生まれ。陸上自衛官(防衛省市ヶ谷駐屯地に所属し幹部自衛官として勤務)／ソウル五輪Fe級代表。駿台学園高校〜拓殖大学〜自衛隊体育学校。'84年全国高校選手権(秋田)B級優勝。'86年全日本選手権B級優勝。'88年全日本選手権Fe級優勝。'88年京都国体成年の部Fe級優勝。'89年全日本社会人Fe級優勝。'90年福岡国体成年の部L級優勝。'90年・'91年全日本社会人L級優勝。'91年全日本選手権L級優勝。関東大学リーグ戦優勝3回。通算180戦160勝(120KO・RSC)20敗。

1＝2017年6月、防衛省・防衛研究所にて
2＝1984年　全国高校選手権(秋田)

# 本 博国
もと ひろくに

陸上自衛官／ボクシング指導者（アトランタ五輪代表）

1970年鹿児島県生まれ。自衛隊体育学校ボクシング班監督。アトランタ五輪M級代表。鹿児島工業高校〜自衛隊体育学校。'90年全日本社会人、'90年福岡国体LM級優勝。'91年全日本選手権、全日本社会人LM級優勝。'92・'93年全日本選手権、全日本社会人M級優勝。'94・'95年全日本選手権M級優勝（LM級から通算5連覇を達成）。

1＝1987年、全国高校選手権（北海道、左）。城前洋次（青森）戦
2＝1990年、全日本選手権
3＝2017年3月、「国立磐梯青少年交流センター」（福島県会津若松市）で行われた合同合宿で

| 1 | 2 |
|---|---|
| 3 |   |

# 須佐勝明 陸上自衛官／ボクシング指導者（ロンドン五輪代表）

1984年福島県生まれ。自衛隊体育学校ボクシング班監督補佐。会津工業高校〜東洋大学〜自衛隊体育学校。'05年岡山国体F級成年の部優勝。'05年全日本選手権B級優勝。'06兵庫国体B級成年の部優勝。'07・'09年全日本選手権B級優勝。'10・'11全日本選手権F級優勝。アジア大会銅メダル（2回）。ロンドン五輪F級出場他、国際大会メダル獲得多数。通算170戦143勝27敗。

1＝2017年8月、埼玉にある自衛隊体育学校で
2＝2005年6月、関東大学リーグ。五十嵐俊幸（東京農大）戦

128

## 成松大介 陸上自衛官（リオ五輪代表）

1989年熊本県生まれ。自衛隊体育学校ボクシング班／リオ五輪L級代表。熊本農業高校〜東京農業大学〜自衛隊体育学校。'07年秋田国体Fe級少年の部優勝。'10年全日本選手権B級優勝。'11〜'15年全日本選手権L級優勝（全日本選手権は通算8度の優勝を誇る）。'11・'12年山口・岐阜国体L級成年の部優勝。'13年世界選手権ベスト16。'15年世界選手権ベスト16。'16年アジア・オセアニア予選3位。'16年リオ五輪L級出場（2回戦敗退）、プレジデントカップ優勝、アジア選手権銅。'18年アジア大会LW級銅。通算105勝19敗（'16年現在）

1＝2007年、全国高校選手権（佐賀）
2＝2018年、全日本選手権決勝。秋山佑汰戦

## 自衛隊体育学校ボクシング班

2017年8月22日　埼玉県朝霞市

1＝平野義明コーチ／2＝野口雄司コーチ／3＝矢田圭一コーチ／4＝寺中靖幸コーチ（後列）／5＝野村朋世メンタルトレーナー（右）／6＝本博国監督（後列中央）を囲んで／7＝並木月海／8＝畫田瑞希／9＝小村つばさ／10＝酒井幹生

| 1 | 2 | | 6 | |
| --- | --- | --- | --- | --- |
| | | 3 | 8 | 9 |
| | | | 7 | |
| 4 | 5 | | 10 | |

# 2018年全国大会・各階級の優勝者

10月・福井国体成年の部=国／11月・全日本選手権(茨城)=全／12月・全日本社会人選手権=社／12月・全日本女子ボクシング選手権=女
＊全日本選手権・個人賞……最優秀選手賞=森脇唯人(法政大)／優秀選手賞=村田昴(日本大)／技能賞=成松大介(自体校)／敢闘賞=岡澤セオン(鹿児島県体育協会)

国=男LF級・柏崎刀翔(右、福井)

国=男F級・林田翔太(和歌山)

国=男B級・村田昴(和歌山)

国=男L級・藤田健児(岡山)

国=男LW級・秋山佑汰(埼玉)

国=男W級・金城大明(埼玉)

国=男子M級・梅村錬(岩手)

国=男LH級・但馬ミツロ(福井)

国=女F級・河野沙捺(静岡)

全=LF級・重岡優大(拓殖大)

全=F級・柏崎刀翔(福井県連)

全=B級・村田昴(日本大)

全=L級・森坂嵐(東京農大)

全=LW級・成松大介(自体校)

全=W級・岡澤セオン(後列中央)他、鹿児島県チーム

全=W級・岡澤セオン(鹿児島県体育協会)

全=解説を務めた井上尚弥(右から2人目)と日本連盟副会長の鶴木良夫(右端)

全=LW準優勝秋山佑汰(中央)、W級準優勝・金城大明を囲む東洋大関係者

全=M級・森脇唯人（法政大）

全=LH級・栗田琢郎（日本大）

全=M級・森脇唯人（右）と日本連盟トップアスリートコーチのシン・ラウジミール氏

社=LF級・丸山勇人（兵庫）

社=F級・荒木寛人（大分）

社=B級・内山雄平（愛知・享栄高教諭）

社=LW級・平川優貴（鹿児島・山形屋）

社=W級・遠藤広大（福島・八つ橋設備）

社=M級・赤井英五郎（東京・赤井組）

社=L級・清野雅俊（新潟・アーク引越センター）

女=LF級・仲田幸都子（埼玉・平成国際大）

女=F級・畫田瑞希（岡山・自体校）

女=Fe級・入江聖奈（日連推薦・米子西高）

女=B級・濱本紗也（京都・日本大）

女=L級・柳井妃奈実（大阪・近畿大）

女=LW級・田口綾華（兵庫・関学大）

女=W級・菊池真琴（大分・フリー）

社=柴田杯を受賞したB級の内山雄平（右）と愛知県チーム・中島邦晴監督

社=息子・赤井英五郎（M級）の応援に駆けつけた赤井英和（中央）

国=P級・荒竹一真(鹿児島)

国=LF級・田中将吾(大阪)

国=F級・梶原嵐(広島)

国=B級・穴口一輝(奈良)

国=L級・堤駿斗(千葉)

国=LW級・髙橋麗斗(千葉)

国=W級・宇佐美正パトリック(奈良)

国=M級・須永大護(東京)

総=P級・荒竹一真(鹿屋工業高)

総=LF級・堀川龍(作新学院高)

総=F級・梶原嵐(崇徳高)

総=B級・吉田黎斗(伊勢崎工業高)

総=L級・堤麗斗(習志野高)

総=LW級・由良謙神(芦屋学園高)

総=W級・宇佐美正パトリック(興国高)

総=M級・須永大護(駿台学園高)

総=学校優勝・作新学院高

選=F級・穴口一輝(芦屋学園高)

選=W優勝を遂げた浪速高校のP級・平野拓真とLF級・田中将吾

選=M級・野上昂生(鹿町工業高)

選=L級・染谷將敬(駿台学園高)

最優秀選手・宇佐美正パトリック(W級・興国高・左)とJOC・Jrオリンピックカップの田中空(武相高)

選=女子P級・奈須海咲(日章学園高)

選=女子F級・木下鈴花(米子南高)

選=女子L級・入江聖奈(米子西高)

女=B級・古賀舞琴(高志館高)

女=F級・安村可麗(堺工科高)

女=Fe級・木村萌那(岐阜工業高)

女=LF級・篠原光(日本大桜華高)

女=LW級・前田ルナ(横浜総合高)

## 2018年高校全国大会・各階級の優勝者

10月・福井国体少年の部=国/8月・全国高校選手権(宮崎)=総/3月・全国高校選抜兼JOCジュニアオリンピックカップ=選/12月・全日本女子Jrボクシング選手権=女
＊全国高校選抜・個人賞……JOCジュニアオリンピックカップ・男子=田中空(武相高)/女子=入江聖奈(米子西高)/最優秀選手賞=宇佐美正パトリック(興國高)/会長賞=奈須海咲(日章学園高)/技能賞=田中将吾(浪速高)/敢闘賞=穴口一輝(芦屋学園高)
＊全国高校選手権大会・学校対抗……優勝=作新学院高(栃木)/2位=崇徳高校(広島)/3位=日章学園高校(宮崎)

女=L級・田中鈴華(中京大中京高)

女=P級・貞松優華(高志館高)

# 8

## 沖縄の名伯楽・金城眞吉氏を偲んで

▲2014年6月、関東大学リーグ。金城大明(左)のセコンドを務める東洋大ボクシング部総監督当時の金城眞吉

## 金城眞吉 ボクシング指導者
きんじょう　　しんきち

1944年沖縄県生まれ。南部農林高校〜日本大学。高校時代の'61
年からボクシングを始める。大学卒業後、那覇市消防局に勤務の
傍ら'69年4月から'98年3月まで興南高校のボクシング部監督を務
める。'85年には自宅に合宿所やジムをつくり、選手を住まわせて
指導。'87年の沖縄国体で18年ぶりの少年の部団体制覇を果たす。
'98年4月から'14年3月まで沖縄尚学高校ボクシング部監督を務め
る。45年間の指導者人生において具志堅用高氏を始め、のべ40
人の全国王者を育てる。'11年から東洋大ボクシング部監督、'14年
から同総監督も歴任。'97沖縄タイムス賞体育賞、'14年瑞宝単
光章叙勲（消防功労）、那覇市政功労賞（スポーツ振興）。'17年
県功労者表彰（スポーツ振興）。'17年11月16日逝去

1=1983年、群馬国体。興南高校監督のころ
2=2012年、ロンドン五輪を前に最後の調整を行う村田諒太のミット打ちの相手を務める金城
3=2008年、全国高校選手権会場にて(右)。左は清子夫人、中央は岩川高校・新宮馨監督
4=2014年、関東大学リーグ。東洋大学のセコンドを務める金城
5=2017年11月20日の葬儀当日、多くの人々が金城との別れを惜しんだ。写真は金城の評伝を著した磯野直氏(沖縄タイムス記者)
6=葬儀に参列した愛弟子のピューマ渡久地氏
7=2017年11月20日、金城の眠る祭壇を囲む、具志堅用高氏を始めとした教え子や関係者たち(那覇市にて)

# 金城先生の思い出

## 腐っていた自分を救ってもらった

伊集 栄（いじゅう さかえ）　大平産業代表取締役

監督とは色々な思い出が詰まっています。高校に入りボクシングを始めたお陰で人生が変わりました。興南高校時代に監督と会わなければどんな人間になったか。人間の道を教えて頂いたことを心から感謝しています。中でも、3年時キャプテンとして出場した全国高校総体で不甲斐なく1回戦で敗退し、足のけがを理由に腐って学校にも行かず自宅にいた時のこと。金城監督が来られたとも知らず1階から呼びつける親に「うるせー！」と歯向かった自分が下に降りるなり、監督から「お前は何様か！何で親に逆らう！」と思い切り頬を打たれました。あの痛みは今も心に沁みています。ふて腐れて甘えていた自分に鞭を打って下さった監督。今は親の跡を継ぎ沖縄の地域に役立てるよう、"金城魂"でがんばっています。監督も彼方では、奥様と安らかな時間を過ごしてください。合掌

## もし先生と出会わなければ…

瀬良垣世堅（せらがき せいけん）　高校教諭／ボクシング指導者

ふと考えることがある。金城眞吉先生と出会わなければ今ごろどうなっていただろう。中学校の頃、具志堅用高選手の戴冠劇に感銘を受けボクシングを志した私は、高校生になり金城先生の指導を受けた。さほど実績のない私を金城先生は大学に推薦、大学卒業と同時に国体コーチに抜擢して下さり、監督・コーチの関係は2013年の東京国体まで続いた。金城先生には、ボクシングの指導にとどまらず、人生のいろはを教えて頂いた。言葉では言い表せないほど感謝の気持ちでいっぱいである。私と同じ気持ちの人間が何十人、いや何百人いるだろうか。金城先生は、一人一人の生徒とボクシングを通して常に真剣に向き合い、時に厳しく、時に優しく接した。多くの子供たちが金城先生に救われたのである。ご逝去され、改めて金城眞吉先生の偉大さを知るばかりである。心よりご冥福をお祈りいたします。

▲1983年、群馬国体の会場で（左から2人目が伊集）

▲1983年5月、関東大学リーグ（右）。大東文化大時代の瀬良垣

▲2018年11月、沖縄にて。夫人とともに

▲2017年、愛媛国体（左）。沖縄県チーム監督を務めた瀬良垣

## 「負けと過去のことは言わず前進せよ」

松原 昇　サンライズ工業会長

金城眞吉監督とは、30年ほど前になりますが、日大ボクシング部同期で長崎市ボクシング協会会長の田中國重氏に紹介頂いたご縁で永らくお付き合いさせて頂きました。良き思い出に溢れています。中でも私が営む船会社の経営がたち行かない状況の際には、負けと過去のことは言わず前進せよ、と助言頂いたお陰でやる気が起き、会社経営も復調しました。義理と人情を大切に生きた金城監督の導きは心の中で深い絆となって今でも繋がっております。

▲2018年12月、全日本社会人選手権が開かれた長崎市内の会場近くの居酒屋で（前列右）。田中國重（前列中央）らとともに

## 感銘を受けた、青子夫人との"二人三脚"

東郷 武　東洋大学理事

昨2017年の11月、突然の訃報に接し、茫然自失の状態に陥ってしまいました。21年間の思い出が走馬灯のように浮かんできたのでした。1997年の全国高校選抜大会で知り合い、ボクシングに携わる者同士、公私にわたり親交を深めてまいりました。自宅にジムと合宿所を造り、奥様の清子さんと二人三脚で、ボクシングの道を歩む後進の育成に、寝食を共にして情熱を注いでおられました。腕白で血気盛んな若者たちに対し、持ち前の熱血で、ボクサーとして、また人間としての育成に尽力されている姿を目にし、感銘を受けたものです。私は東洋大学のボクシング部の指導に携わっておりましたので、沖縄ボクシング界の名伯楽と言われている金城監督から有力な選手

を紹介いただくこともあり、我がボクシング部の強化を図ることができました。二人三脚で苦労を共にされていた奥様の清子さんを亡くされてから、時折、金城監督が寂しそうな、憔悴された表情をしているように感じられました。張り合いになれば、少しでも恩返しになればと思い、OBの先輩方と相談して、東洋大学ボクシング部の監督を引き受けていただけないかお願い致しましたところ、持前の情熱で、ボクシングを通して学生達の人間育成に最後まで尽力していただきました。責任感が強く闘病中もいつも学生達の試合結果を気にされており、学生達への愛情を強く感じとったものです。また、金メダル選手を輩出することができ誉れと感じると共に、長きにわたり東洋大学ボクシング部に貢献していただいたことに心より感謝いたしております。年が明けてお墓参りをさせていただき、改めて、これまで関係を紡いでこれたことやボクシング部の強化にご尽力いただいたことに感謝の念を伝えさせていただきました。今後も金城総監督の志を引き継ぎ、ボクシング部の指導に関わり、学生達と共に恩返しができるよう精進してまいります。

▲2008年5月、関東大学リーグ会場にて（中央が東郷）

## 「負けたっていいんだよ。何度でも立ち上がればいいよ」

磯野 直　沖縄タイムス記者

大学の授業には出なくても毎日通った金子ジム。ここでも、ボクシング王国・沖縄を築いた金城眞吉さんの名前は轟いていた。'95年、縁あって沖縄タイムスの記者になり、出会いがかなった。鬼の指導は想像以上だった。'13年、指導者を勇退する時の寂しげな背中を見た時、「この人の物語を書こう。俺がやらなきゃ誰がやる」と決心する。沖縄戦、米軍占領下の沖縄を駆け抜け、どんな思いで400人の選手を育て、延べ40名以上の全国優勝者を生

んだのか。自宅を改造した合宿所にヤンチャな若者を住まわせ、約半世紀近くボランティアで情熱を注ぎ続けたのはなぜか。180日余りに及ぶ密着取材を行い、沖縄タイムス連載『名伯楽のミット』にまとめた。当初20回ぐらいの予定でスタートすると、教え子たちの「こんな話がある」とうれしい売り込みのオンパレード。おかげで60回の長期連載にすることができた。その後書籍化が実現する。私のボクシング経験がこんな所で生きるとは想像もしていなかった。'17年、末期がんに侵され、乗り越えた危篤は計3度。どんなに呼吸がか細くなっても、最終ゴングを鳴らそうとしなかった。そして11月16日、駆けつけた愛弟子、具志堅用高さんの腕の中で逝った。「監督、一度でいいから目を開けてちょうだいよー」。病室に響く具志堅さんの、おえつの混じった涙声が今も耳から離れない。沖縄の誇りを取り戻すため、本職は消防士でありながら若者のハートに火をつけ続けた73年の生涯。「みんな社会人になって僕を訪ねてきて『監督、ボクシングをやっていてよかった。苦しい時でも踏ん張れる』と言ってくれるのが一番うれしい。負けたっていいんだよ。何度でも立ち上がればいいよ」。名伯楽の言葉は、一人一人の生き方に託されている。眞吉さん、みんなを見守っていてください。

▲成蹊大学時代の磯野（右）。1990年、関東大学トーナメント戦

▼2013年10月、東京国体・開会式。沖縄県チーム成年の部監督を務めた金城（右端。先頭左隣は少年の部監督・瀬良垣世堅）

# 9

## 名門・習志野高校〜創部60周年を祝う

　習志野高校ボクシング部60周年記念祝賀会が2017年12月3日、千葉市の「ホテルポートプラザちば」で開催された。ボクシング部は学校創立と同じ1957年に発足し、初代校長・山口久太が全国高等学校体育連盟のボクシング専門部（初代専門部長）の立ち上げに奔走、全国の各都道府県のボクシングの普及に尽力したこともあり、拠点校となっていた。今回の祝賀会は、習志野高校ボクシング部後援会・OB会・保護者会・卒業生・指導者他、関係者が一堂に会して行われた。習志野市の宮本市長を始め、歴代の校長も臨席し、総勢140余名が参加。全国の公立高校の中でも例がない新旧世界チャンピオンのプロボクサー3人の卒業生や現役の全日本チャンピオンがステージに並んだ光景は圧巻だった。主催者である初代OB会の三橋利夫会長（1期）の挨拶を皮切りに、3人目の世界チャンピオンとなった岩佐亮佑への花束贈呈、千葉県ボクシング連盟の小林信次郎会長から全日本ボクシング選手権優勝の堤駿斗への表彰、校長でボクシング部顧問である関茂峰和からの現役部員紹介、後援会長の池田亘の発声での乾杯、歴代の全国大会の優勝メンバーによるスピーチ、プロ・アマで活躍中の卒業生紹介、前監督の曽根崎武古の音頭で校歌を大合唱し、祝賀会は盛況のうちに幕を閉じた。

▲右から粟生隆寛（44期／WBC世界S.F級・第40代WBC世界F級王者）、堤駿斗（3年生・59期／世界ユース大会金メダル・全日本選手権B級優勝）、岩佐亮佑（49期／元IBF世界S.B級王者）、木村悠（43期／第35代WBC世界LF級王者）、坂本大輔（元日本W級暫定王者）

# 小林信次郎　ボクシング指導者

1949年神奈川県生まれ。武相高校〜日本体育大学。卒業後、指導者として流山高校('72年〜)、習志野高校('89年〜)、柏南高校('01年〜)、流山高校('05年〜)でボクシング部顧問を歴任。全国高体連ボクシング専門部委員長を務め、現在千葉県連盟会長。

1 = 2017年12月3日、千葉県内のホテルで開催された習志野高校ボクシング部創部60周年記念パーティで。世界ユース大会で優勝した堤駿斗に激励賞を授与する小林
2 = 2008年5月、関東高校大会
3 = 1984年、全国高校選手権(秋田)。流山高校時代の小林
4 = 2010年、千葉国体(前列中央)。天皇杯を受けた千葉県チーム

## 坂巻義男　高校教諭／ボクシング指導者

1958年千葉県生まれ。流山高校〜日本体育大学。松戸矢切高校、流山高校、湘南高柳高校を経て、習志野高校ボクシング部監督。習志野高校では10年勤め、2度の全国優勝を遂げる。現在、沼南高校ボクシング部監督を務める。

1 = 2006年6月、関東高校大会（左）
2 = 2008年5月、関東高校大会
3 = 2008年、全国高校選手権（埼玉）。2年連続優勝を果たし、胴上げされる坂巻

|  | 1 |
|---|---|
| 2 | 3 |

## 関茂峰和 <sub>せき も みね かず</sub> 高校教諭／ボクシング指導者

1972年千葉県生まれ。習志野高校ボクシング監督。銚子西高校〜東海大学。高校入学と同時に銚子ボクシングジムに入門、大学入学後は相模原市のヨネクラジムに入門し、プロでは5戦3勝1敗1引分の成績を残す。中学校でバレーボール部顧問などを務めていたころ、「オヤジファイト」(36歳〜40歳)で6戦5勝1敗R33。日本Fe級R40、日本S.F級R40チャンピオン。

▲2017年3月、全国高校選抜（岐阜、右端）

## 小松 学 飲食店経営

1978年千葉県生まれ。習志野高校〜法政大学。プロボクサーを経て、佐倉市にて「麺屋ぱんどら」経営。'95年福島国体LM級優勝、'99年全日本選手権M級優勝。

1＝2018年5月、小松の営む「ぱんどら」で
2＝1995年、福島国体。LM決勝（右）

144

1 = 木村悠。2001年、全国高校選抜
2 = 岩佐亮佑。2006年、全国高校選手権（右）
3 = 林田翔太。2016年、岩手国体（右）
4 = 粟生隆寛。2000年、富山国体（左）。山中慎介（南京都高校）戦

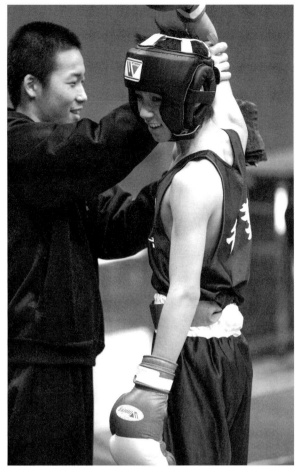

1 = 林田太郎。2006年、関東高校大会
2 = 三須寛幸。2006年、全国高校選抜（京都）
3 = 祝賀会当日の司会進行を務めた前監督・曽根崎武吉（中央）と林田太郎（右）。林田翔太（左）、後方は現監督の関茂峰和
4 = 2017年12月、祝賀会場で。岩佐亮佑を囲んで
5 = 2017年12月、祝賀会場で。木村悠（右）とOBの関賢

| 1 | 2 |
|---|---|
| 3 | 4 |
|   | 5 |

# リングが教えてくれたこと　ボクシング人生をふりかえって

## 1 冒険者たち

### 「死ぬまで18歳」
#### 安川浩樹

やらない後悔よりやる後悔。この姿勢が相当のプラスになったことは間違いありません。もともとボクサーに憧れていたわけではなく、ドラマの影響で入ろうと思っていたラグビー部が高校になかったため、勧誘されたボクシング部に入部。練習はスパルタでしたが負けず嫌いの性格が幸いし、毎朝5時から走り込みました。その甲斐あって高校時代北海道では一度も負けませんでしたが、全国大会では全く通用せず。北海道の田舎大学に進学したので東京の大学生への反骨心は常にマックス。生涯で一番練習したのが大学時代でした。現在主宰するクラブの練習生は小学校1年生から70歳まで、ろうあ者や養護学校の生徒もいます。やはりボクシングは生涯スポーツです。

### 「やるときはやる！」
#### 山本大五郎

「もうあかん」って思ってからが練習。努力は必ず報われるとは限らないけど頑張り続けることが大切と伝えたい。そして何より、ボクシングで出会った仲間は本当に最高で、一生の宝物です。

### 「自分との戦い」
#### 野田修司

高校2連覇で鳴り物入りの拓殖大学入学。全国王座優勝校の拓大ボクシング部では1年生からレギュラーでリーグ戦に出場しましたが、黒星が増える度に張り詰めていた糸がぷつり、ぷつりと切れていきました。1年時の試合を機に、転機が訪れました。中学時代から明け暮れたボクシング以外にも生きる道があって良いのでは、と。それが音楽でした。大学に入ってからギターなどを始めたものの長い道のりで、24歳の頃再びアマのリングに上がりました。しかし、ライトミドル級で全日本の決勝まで行ったものの惜敗。25歳の時には大阪帝拳ジムでプロテストの日取りまで決まっていたのに断念しました。名声を求める心の内側には闇があり、薬物や酒に溺れて心の浮き沈みの激しい青春時代でした。若き日の独房のような病院では夢も希望も何もない虚無感を感じました。そのような経験さえもボクサーを辞めた自分の生きる素材になっています。20代の後半から歌を始め、30代でキリストを信じて、40歳で教会の牧師となりました。歌い、語る「説教師」として、また「歌うたい」として新しい人生を歩んでいます。「だれでもキリストのうちにあるなら、その人は新しく造られた者です。古いものは過ぎ去って、見よ、すべてが新しくなりました」（『聖書』「コリント人への手紙」より）

### 「努力を続ける」
#### 山口圭司

ボクシングを始める人へ伝えたいのは、朝のロードワーク、トレーニングを自分で考え行動することの大切さ。人と出会い、成長させてくれたボクシングに感謝の思いです。

### 「ボクシングの神様に感謝」
#### 金岡弘樹

私の仕事の取引先は人脈まで、今でも全てボクシング関連。ボクシングは世界共通の素晴らしいスポーツ。自分のブランドを、世界のボクサーに愛用されるブランドにすることが夢です。

### 「志固精進」
#### "ハルク"佐藤 修

子供のころ映画『ロッキー』に憧れてボクシングを始めました。選手としての格言は「志固精進」。日々の練習では「努力」「根性」「忍耐」の大切さを学び、試合では「勇気」と「執念」の大切さを学びました。人生をかけて、時には血と汗と涙を流し、一生懸命、全力で闘いました。ボクシングという素晴らしいスポーツを通じて、人生において大切なことを学びました。ボクシングに感謝しています。

＊左＝'93年全国高校選手権（撮影・S. MIYAZAKI）

### 「いつも100％ボクサー魂です」
#### TEE

歌手として活躍中だった'14年に喉のポリープ摘出手術を行いました。大学3年の時肘と肩のけがで選手を断念し、プロボクサーは諦めましたが、ミュージシャンだけは諦める訳にはいかないと復活しました。今、頑張れるのは当時の苦しかった経験があ

るから。僕の心の中にあるスピリットはいつも100％ボクサー魂ですよ。

## 2 世界への飛躍

### 「上には上がいる」
### 大倉紘平

中学までは打ち込めるものがなかった私が、高校からボクシングに夢中になり、7年間本気でやり遂げたことは誇りです。どんなに努力しても勝てない相手がいて、何度も挫折を経験したからこそ、上を目指して充実した時間を過ごせたと思っています。記憶に残るのは2006年の全日本選手権でのLW級、和田亮一選手との一戦です。1ラウンドに右ストレートで和田選手を倒したものの攻めきれず、2ラウンドに軽いパンチをまとめられて逆転RSC負け。観戦していた他校の監督からは「君はお人好しだね」と言われましたが、和田選手からは「君、パンチ強いね。攻められたら危なかったよ」と言われました。自分のパンチが日本のトップ選手にも通用したことよりも、チャンスを活かしきれなかったことを心底悔やみました。それ以降、ボクシングだけでなく人生においてもチャンスでは後先考えず徹底的に攻めることを意識しています。こじつけかもしれませんが、就職活動中にパイロットになる道があると知り、突拍子も無い夢だと逃げ出さずにチャレンジしたのは、和田さんとの試合で悔しい思いをした経験があったからかもしれません。現在は副操縦士として日々世界中を飛び回っていますが、ボクサー時代と同じようにパイロットとしての自信が生まれては消えるといったことのくり返しです。百戦錬磨の機長たちとフライトを共にする中で、高度な運航技術はもちろん、人間としての格好良さ、器の大きさを目の当たりにすることも多いです。今後、まずは機長になることが当面の目標です。そして自分の操縦する機に、お世話になった方々や仲間たちに搭乗して欲しいです。母校でコーチもしておりますので、いつか自分の育てた選手が世間をアッと驚かす日を楽しみにしています。

### 「ボクシングは人生の縮図。
### 苦しいときこそ頑張れ」
### 古川久俊

選手経験のない私が青年教師として赴任した福井県立羽水高校にはボクシング部がなく、辰吉丈一郎の試合に感化された数名の生徒たちがボクシング同好会を作ろうと私に顧問の白羽の矢を立てたのが、この道に入ったきっかけでした。当時の福井県下には、高体連ボクシング専門部はもちろん、ボクシング部は一つもなく、全国で福井県だけが、ボクシング競技でインターハイへ出場できない、という不名誉な期間が長く続いていました。同好会設立は却下され、ボクシング競技の練習そのものに反対する校長、教頭といった管理職と対立しながらの活動でしたから、肩身が狭いというより、自分の教育者としての命を削っての指導でした。常に自分の弱さと向き合わなければいけないボクシング競技は、生徒たちの人間的成長に優れた「教育力」を発揮すると確信していた私は、周りの反対を押し切って選手指導に没頭していきました。そして迎えた1997年、大阪・柏原市で行われたなみはや国体LW級決勝で、森里志（羽水高校3年）が千葉県代表のハードパンチャー佐藤幸治を5－0の判定で破って優勝し、日本一を達成したことによって、保守的な福井県民にボクシング競技を大きくアピールでき、またこれまでの地道な活動が認められて、翌年、実に27年ぶりに福井県高体連ボクシング専門部を復活させることができたのでした。2002年、静岡県熱海市で行われた全日本選手権F級準決勝で、アテネオリンピックを照準に鍛えていた清水智信（東京農大3年、後のWBA世界王者）が、日大2年の本田裕人選手と対戦、この日の清水は、離れても接近しても実にバランスが良く、次々とクリーンヒットを奪って本田を圧倒しました（アマプロを通じての彼のベストファイト）、判定は本田に上がりました。この時に受けた驚きと絶望は筆舌に尽くしがたく、日本を離れて海外へ出る契機となりました。2人の後継者を育てた私は、2006年、教職を辞し、中年となった44歳、裸一貫でボクシング大国メキシコへ渡り、朝から晩までミットを持って老若男女のメキシカンを指導し、数多くのアマプロのチャンピオンを育てました。また、日本から武者修行に来るボクサーたち延べ30人近くを自宅に泊めて指導してきました。2014年からは、興行が少なくなって"試合枯れ"に苦しんでいるシティの貧しいボクサーたちを救うために、メキシコ連邦府のプロモーターライセンスを取得し、興行の世界に乗り出しました。すでに「ボクシング・ルネサンス」と銘打った15回の興行のすべてを成功させることができました。今後も、日墨両国のボクサーたちのために、微力ながら活動を続けていく所存です。

### 「厳しい練習、今も誇りに」
### 森 里志

私の高校時代の古川先生というと、怖い、厳しい、妥協を許さない先生という記憶です。当時、練習中は常に竹刀を持ち、気が抜けた練習をしていると竹刀で叩かれ、気合いを入れられるということも日常でした。先輩の中には、スパーリングで相手に打ち負けてロープに詰まってしまったところ、「退がるな！打ち返せ！」と、ロープ越しに後ろから蹴りを入れられた人もいました。しかしこの厳しさのおかげで、高校時代の試合で相手を怖いと思ったことは一度もなく、自分の実力以上のボクシングができました。そして高校3年の国体で優勝。古川先生の教え子の中で初の全国チャンピオンとなり、また福井県でも初の全国チャンピオンになることができました。今でも誇りに思っています。

「ボクシングが扉を開いてくれた」

## 仲間達也

ボクサーとしてのセカンドキャリアが医師としての人生の始まりでした。ボクシングに真摯に取り組んだからこそ、医師への扉が開かれたのだと思っています。宮崎県で開催された高校生最後の九州大会で、国体全国王者の谷口龍二選手（岩川高）と、翌年度の2冠王内村優選手（東海大第二高）に勝利して優勝したのが最高の思い出です。関東の私大で競技を継続したいという思いもありましたが、悩んだ末に医学部受験を選択し、競技の第一線からは退きました。何故宮崎を選んだのか。遠征の際にいつも声をかけて下さった菊池浩吉先生（日章学園・宮崎）にお願いすれば、大学入学後も練習させてもらえるかもしれない、と思ったからです。そんな運命の流れを、20年の歳月を経て、リングドクターとして今日この場に立たせて頂いていることを誇りに思います。

「上手い役者ではなく強い役者に」

## 木幡 竜

映画好きだった母の影響で、小さな時から映画館によく通い、映画の世界に興味を持つようになりました。山田洋次の『男はつらいよ』をこよなく愛し、中でも「寅次郎夕焼け小焼け」は秀逸と思っています。昔の映画が大好きで、溝口健二、成瀬巳喜男、黒澤明、岡本喜八などからの多くの影響を受けました。ボクサー時代は映画の世界に入ることなんて夢にも考えていませんでしたが、歳とともに、俳優というより映画やエンタテインメントへの興味がわきました。ボクシング引退後、大橋ジムの若手、八重樫東や井上尚弥選手の試合を目にして自分も彼らのように観客の胸を打つ映画を作りたい、そういう芝居をしたいと考え、「上手い役者」ではなく「強い芝居をする役者」になるように心がけています。仕事においてもインパクトは特に大事にしています。打たれても怯まずに進む姿に観客が感動するように、私もそんな役者を目指しています。

「繰り返しを苦もなくできるように」

## 浅野真一

高校に入学すると同時に、近所に新しくできたジム「TeamZero」の第1号会員となり、ボクシング人生をスタートさせました。公私共に中嶋健富会長の指導を仰ぎ、精神的に成長させていただきました。高校時代は3回の全国大会に参加できましたが、学外のジム活動で色々と苦労をしました。この時、自分の道は自分で開かねばとの思いを強くしました。大学では全国の強豪校からのチームメートと2部リーグに参戦し、監督やコーチの指導もあり4年時は入れ替え戦で1部リーグに昇格しました。卒業後は'00年渡米して大学に入り直し、研究の道に。既に20年近くこの地で生活しています。現在はフェアモント州立大学で学生に運動生理学を中心に教鞭をとっています。ボクシングしか知らない自分が、この地で家庭を持ち生活できたこと、また苦しいことが多かった時期に弱音を吐かずに進むことができたのはボクシングを続けさせてくれた皆さんのお陰です。

## 3 ファイターの血脈

「諸行無常」

## 寺地 永

12年間のプロ生活の間に得たのは人脈です。様々な職業の方と知り合い、引退後の人生に非常に役立っています。リングが教えてくれたことは、人生も同じで、戦いの中ではいつが何が起こるかわからないし、安定などない、ということですね。

「一心精進」

## 拳四朗

ボクシングに出会えたお蔭で高校、有名大学にも進学することができた。さらに世界王者にまでなってしまいました。

「生きたボクシング」を伝える

## 今岡紀行

高校入学からボクシング部へ。魂が揺さぶられた全国高校選手権での優勝の感動は、その後の競技人生に大きな影響を与えてくれました。今後指導者になっても、変わらず「生きたボクシング」を伝えるため、老いに抗い、鍛錬を欠かしません。

「出会いに感謝」

## 今岡賢覚

最初は無理やり、強制的でしたが、ボクシングと出会わせてくれた（めちゃくちゃ怖くて逆らえなかった）兄に感謝。あたりまえですが、親、先生、先輩、後輩、友人すべてに感謝してます。何事にも感謝する気持ちを持つことを伝えていくことが私の役割と思っています。

「自分に負けない強さを」

## 丸亀恭敬

1991年に地元の小学校の体育館を借

り、心身の健康づくりを目的とするボクシング教室を始めました。その後、広島県ボクシング連盟で活動しながら2004年、NPO法人としてボクシングジムを立ち上げました。「ボクシングが強く」でなく「ボクシングで強く」なることを目的として、自分に負けない強さを育てることをテーマに活動しています。

「金メダルの夢に向かって」

## 藤田健児

私の夢は東京オリンピックでの金メダル獲得です。生まれ育った日本で開催されるオリンピックへの出場と金メダル獲得の夢に向かって頑張ります。

「挫折があったから今がある」

## 伊澤諒太

挫折したときのことはよく覚えています。ボクシング一筋で夢と希望をもって東京の大学に進学しましたが、怪我など様々な事情が重なり、思うように結果が出せず、途中でボクシングを辞めることになったのです。高校時代からボクシングだけに人生を費やし、絶対に成功するのだと意気込んで東京に出たこともあり、地元にも帰りづらく、孤独と焦燥感に追われる日々が続きました。しばらくして、「過去の自分に負けないで情熱を燃やせる新しいことを見つけよう」と、必死に勉強し直し、これまでやったことがないことにも挑戦しました。現在は、IoTやAI（人工知能）技術に強みを持つ会社を経営しており、小型の商業用AIロボットなどを開発しています。ここに至るまで様々な事業を起こあげ、成功も失敗も色々と経験したのですが、小さいながらも企画力と技術力のある会社として市場から認められ、歴史ある大企業と並んで自分の会社が評価される機会も増えてきました。「10年後には世界1位の会社になるぞ！」と再び大きな目標を掲げ、ボクサー時代のように日夜、努力を続けています。

### 4　リングが教えてくれた

「勝ちに不思議な勝ちあり、負けに不思議な負けなし」

## 南出賢一

情熱を傾けたボクシングは私の原点。部員ほとんどが大学からボクシングを始める素人集団でしたが、毎年全国レベルの選手が育っていました。全員が他人のために本気になり涙を流し合えるチームは最高でした。現在、泉大津市長として7万5千人の市民が一歩を踏み出すまちづくりを目指していますが、地域づくりは人づくり。その原点は、折れない精神と志、命の使い方を学んだボクシングの経験あってものだと思っています。

「過去の積み重ねが今を創り、今の積み重ねが未来を創る」

## 市村 智

小さい時から不良と呼ばれ、中学3年の夏にボクシングと出会いました。絶対に日本一になるという思いで練習に明け暮れ、高校総体で優勝。大学でさらに上を目指していた矢先に父が病に倒れ、余命宣告。志半ばでボクシングを諦め、家業を継ぐことに。当初は寝る間も惜しんで仕事に取り組みましたが、思うようにできない自分が情けなかった。そんな折、大手メーカーも参加する自動車鈑金塗装の全国大会で日本一に。総体で優勝した時と同じ感激を二十数年ぶりに味わうことができました。辛い時期を諦めずに堪えられたのも、ボクシングの経験があったから。もう一度自分に賭けてみようと覚悟を決め、昨年事業を拡大。"過去の積み重ねが今を創り、今の積み重ねが未来を創る"。業界の発展に寄与し、諦めないことで幸せは摑めるということを、自分の人生で示したいです。

「血と汗と涙…そして努力の結晶」

## 横田哲典

リングという場所は血と汗と涙…そして努力の結晶です。拳を交えた仲間とは今でもつながっています。最高の財産です。

「ボクシングは人生の礎」

## 井上正敏

南京都高校時代は生意気な僕でしたが"親父"と慕った武元前川監督をはじめアグレッシブで楽しい仲間達に囲まれ、可愛がられて成長できました。高校では日の丸を胸にアメリカにも行かせてもらいました。良き時代に常勝軍団の一員になれたことを誇りに思います。卒業時、大学から推薦も頂いたのですが経済的に厳しく断念し、料理の道へ。その後、夢を諦めきれずプロに進むも、練習中に頭が痛くなり嘔吐。その後意識がなくなり、脳梗塞で1週間生死の境をさまよいました。気がついた時、ベッドの横で父が「いつからボクシングできますか？」と質問して医師に怒られていたのをはっきり覚えています。悔いは残りましたがボクシングを断念し、再び料理の世界へ。ボクシングは私の人生の礎です。

「すべてが必然的偶然」

## 福島"茶坊主"寿巳

ボクシングの一戦一戦が"一期一會"であるように、様々な人に出逢う機会をもらいました。高校・大学の部の仲間、監督・コーチ、先輩後輩、試合をした選手達。ボクシングをしていなければ今の仕事をしていなかっただろうし、今の環境もなかったし、出逢わなかった人達だと思います。全てが必然的偶然。ボクシングを始めることに最初は反対をしていた両親ですが、今はただただ感謝です。

「受けた拳の衝撃を力に変えて」
## 倉田郁生

ライバルに恵まれボクシングに明け暮れた素晴らしい選手生活でした。高校では全国大会で決勝まで残りましたが、広島の今岡賢覚君には最後まで勝つことができず、対戦する度に格の違いを見せつけられました。アップライトから繰り出して突き刺すような硬い拳の衝撃は今も体が記憶しています。決勝の大舞台で彼と対戦できたのは大きな財産。私は高校3年間でしたが、同期のボクサーが国際大会やプロのリングで華やかに活躍する中、ボクシングに未練なくその後の人生を過ごせたのは、今岡君がその後も長らくトップに君臨してくれたから。その意味でも彼には本当に感謝しています。専門学校卒業後、修行に入り、27歳の時にヘアサロンを開業し現在に至ります。家族との時間を大切にしつつ登山やマラソンに打ち込む日々です。

「今もボクシングに支えられ」
## 今井 賢

全日本社会人チャンピオンだった父親の影響で、小学校2年からボクシングを始めました。大学卒業後は地元に戻り、4年ほど会社勤めをしましたが、大学の先輩でもある赤井英和さんの後輩が経営する串かつ店『だるま』に転職してから客商売の面白さに目覚めました。『だるま』には11年勤め、沢山勉強させて頂きました。千葉には特に縁もないのですが、『だるま』に義理を通す為にも関西を離れようと決め、東京よりも家賃の安い場所を探して今の場所で開業しました。まだまだ苦戦中ですが、関東圏に住むボクシングの同期や先輩・後輩が少しずつ訪ねてくれるようになり、ボクシングを離れた今もボクシングに支えてもらってます。

「リングから大地に舞台を変えて」
## 光吉康博

昨年創部90周年を迎えた専修大学ボクシング部ですが、関東大学1部リーグ優勝という、創部以来初の快挙をメンバーとして経験することができました。大学卒業後、数年のブランクの後に現役復帰し、国体・全日本選手権にも出場しました。現在は戦いの場所を四角いリングから広大な佐賀平野に代え、太陽と自然の恵みを受け、また自然の厳しさと日々戦いながら、安心・安全をモットーに信頼される農産物を生産するため日々精進しています。これからの農業発展に貢献したいと思います。

「"もう一歩"の精神で」
## 諸泉武浩

私が高校からボクシングを始めた当時、佐賀県内にはボクシング部がある高校は無く、県立の総合スポーツ施設の中にボクシング教室がありました。山口正一監督の指導の下、中学生や高校生、社会人がいっしょに切磋琢磨していました。そういう事情で佐賀県内の元アマチュアボクサーは年齢や出身校の隔てなく今でも交流があり、仕事だけでなくプライベートでも繋がっています。これまで、店舗の施工、住宅の新築・リフォームを手がけながら、プロを養成する目的ではないボクシングジムを仲間と手作りで開設し、ボクシング好きが集うコミュニティ空間を作りました。空手やテコンドー、キックボクシングの道場などの施工も手がけてきました。ボクシングに関わっていて本当に良かったと思っています。

「人並みでは人並み以下」
## 高橋泰征

私の車のナンバーは、大学時代お世話になった川島五郎監督に因んで56番。車の色は赤。日大時代のユニフォームの色です。ボクシングをやめてから18年経ちますが、どんな苦しい状況に遭遇しても苦しかった寮生活や練習を思い出し、絶対逃げない気持ちと、ボクシングで培った"ライオンハート"で乗り越えられます。設立した会社では製造した商品を日本全国に流通させることを目標にしていますが、それはボクシングで日本一になれたという自信と、どうすればそれを実現できるか、ボクシングを通して学べたからだと思います。何よりも一番大きなことは、全国どこに行ってもボクシングの仲間が助けてくれること。川島監督は以前、「お前は俺の宝だ。宝箱を開けたら腐っていたということがないようにな」と言って下さいました。その言葉を忘れずいつまでも腐らない人生を歩んでいきたいと思います。

「為せば成る」
## 出端雅光

「日本の中心を見てこい!」。高校の恩師・永田聡先生の一言で私の人生は大きく変わりました。世界一強くなりたいと思い、高校からボクシングを始めた私は、3年の時、進学するかジムに行くかで迷っていました。冒頭の言葉をもらったのはそん

な折でした。関東の大学に進学してボクシングを続けろという意味です。父のように接してくれた恩師が言うのなら、と進学を決意。今では進学して良かったと心から思っています。極限まで自身を追い込んで練習に打ち込んだことや、ボクシングに集中するために入寮した学生寮での厳しい生活は、自分という人間を形成する揺るぎない基盤となりました。今は、青少年教育の現場に勤務しています。子どもたちに一生の思い出となる体験を届けるとともに、今後もボクシングに携わることで、自身を成長させてくれたボクシングに一生をかけて恩返しをしていきたいと考えています。

「支えられた自分に気づいた」

## 佐藤択磨

勝負の世界なので勝ち負けにこだわるのは良いことですが、過程もとても大事だと感じています。怪我により大学4年の夏で引退しましたが、引退した後も同期や後輩の活躍を見ていますと元気が湧き、まだ行けるんじゃないかという思いと、ブランクによる身体の調整不足との葛藤が尾を引いて前に進めず、大会を全て不参加としたことが後悔として残っています。同じ思いや辛さを分かち合い、結果には見えない、支えられていた部分が大人になって見えてきた気がしています。

「日々に刺激を与えてくれた」

## 山本京平

九州学院中学校1年の時、当時高校3年で3冠王だった木村雄治さんの堂々とした風貌に憧れたのがきっかけで、在籍していたサッカー部の中学最後の試合が終わった後すぐにボクシング部の門を叩きました。殴り合いとは無縁だった私が、毎日殴り合いの練習をするという非日常感。本当に刺激的でした。原始的でありながら科学的・論理的、努力した分は自分自身にはね返ってくる個人競技の魅力、不安や恐怖に打ち勝って手にした勝利の喜び。どんどん魅力にのめり込みました。リングの上では誰にも邪魔されず自分を表現できる唯一の場所だったように思います。自衛隊体育学校退職後は、ボクシング以上に夢中になれるものがなかなか見つからず、思い悩む時期もありましたが、減量から解放されたこともあってか飲食業界で働く傍ら、ラップにも興味を持ち独学で勉強を始めました。飲食業のキャリアを中断し、コールセンターのアルバイトで生計を立てながら25歳でラッパーとしての活動をスタート。数年間、渋谷など深夜のクラブでライブ活動をするも、音楽で生計を立てるには至らず、再び飲食業での修業を始めました。現在は渋谷駅のすぐ近くでバーを経営しています。高校卒業時、幻のモスクワ五輪代表である九州学院高校の木庭浩一監督から頂いた国際大会優勝記念のグローブを店に置き、「日々精進」との思いを込めて営業しています。

「子どもたちの健全な肉体づくりを」

## 渡邊誠一郎

ボクシングとの出会いは高1の時でした。その時々の一番きついこと、辛いことを選択していれば間違いない!と考え、ボクシングを一生懸命に習いました。北海道国体で、当時、東京農業大学ボクシング部の宇土元二監督に誘われ、農大へ進学。監督に恩返しがしたい一心で、リーグ戦優勝を目標とし、同期で一体となって切磋琢磨しました。大学3年の全日本大学王座決定戦で優勝した時は、個人で優勝した時の何十倍もうれしかったです。仲間と共に一丸となって勝ち取った日本一の喜びは、その後の人生を大きく変えました。景気が低迷している1999年、現在の会社に入社し、30歳で代表となりました。良き人材にも恵まれ、現在、地域ナンバー1の土木会社であり続けていると自負しています。社員とはコミュニケーションを一番に考えています。今後はボクシングを通じ、子供たちにも、精神的に充実した健全な肉体づくりのお手伝いをしていきます。

「今はボクシングが至福の時間」

## 友部 隆

2015年10月に自宅から直結した自前のボクシング場をつくり、日曜日にはボクシング好きを集めて汗をかきながら楽しんでいます。「辛い」、「逃げ出したい」、「でも続ける」。そんな過酷なボクシング漬けの青春時代を過ごしました。そんな私が今では趣味でボクシングを楽しみ、ストレス解消の至福の時間になっています。ジムに名前はありませんが、"トモベ・ボクシングサロン"といったところでしょうか。思い出に残るのは1987年の関東大学1部リーグの佐藤昭一選手(専修大)との一戦。体調も良くゴングがなるとすぐにダウンを奪いました。早く終わると思っていましたが、甘さが出て判定で惨敗。すごい選手になると確信しましたが、実際のちに全日本バンタム級で優勝したのはうれしいことでした。

「出会いに恵まれた現役生活」

## 伊藤沙月

家族は、私の体のことは心配ながらも、格闘技が好きな祖父が特にボクシングを好きだったこともあり、理解を示してくれました。試合の結果には恵まれず運を掴めなかったこともあります。2018年3月、自衛隊からは退官しましたが、ボクシング関係者との出会いに恵まれたことに、大きな縁を感じています。

## 「恐れず、驕らず、侮らず」
### 釘宮智子

選手生活で得たものは、努力の大切さと、応援していただくことへの感謝の気持ち。今ボクシングをしている人、これからする人にも、恐れず、驕らず、侮らずに一生懸命悔いのないように努力してほしいです。これからは、女子ボクシングをもっと皆さんに知ってもらえるように、日本のレベルが高くなるように活動し、指導にも携われたらと思っています。

## 「プレッシャーを快感に」
### 後藤（水野）知里

リングは、自分次第で勝敗が決まる場所。そのプレッシャーは快感でもあり、勝った時には大きな自信へと繋がります。仕事上の窮地でも、自分で何とかしないとさらに堕ちていくからと、諦めない気持ちを持つことができました。出産時の陣痛では、嫌いだった400mダッシュの練習を思い浮かべると痛みにも耐えられました。歯を食いしばるのにマウスピースをつけましたが、呼吸が苦しくなって失敗でした（笑）。選手生活を一区切りした今、これまでは両親に好きなことをさせてもらってきたので、今度は我が子が好きなことのできる家庭環境を作ってあげたいと思います。

## 5　リングに生きる

### 「千里の道も一歩から」
### 大橋正樹

ボクシングはフィジカルな面だけでなく、メンタルも鍛えてくれます。私自身、曽根崎武吉氏（文理開成高校元監督）、小澤幸治氏（ボクシングガーデン・ヨコハマ会長）を始めとした方々に多くを学ばせていただきました。個人競技のスポーツですが、コーチやトレーナーを含めチームとして対応するスポーツでもあると感じ、今の自分の礎を築いてくれたと思います。ひとりの医師として日々診療していますが、そこにはナースや関係者のサポートを受けながらチームとして診療していくという、共通したものがあることをいつも感じています。今の自分の礎を築いてくれたのがボクシングであり、ボクシングがなければ、今の自分はないと思います。リングドクターとして選手と関わらせていただき10余年。関東大学リーグ戦などのハイレベルな試合でのリングドクターをさせていただくにあたり、自分がボクサーであるが故に分かること、伝わってくることがあります。選手の細かい動き、あるいは打たれた時の目つき、ダメージ、また試合の中での疲れ具合なども分析するように努め、特に負けた選手に関しては、試合中の良かった動き、パンチやコンビネーションを試合後の検診の際に伝えるように心がけています。全員ではありませんが、笑顔になり、次に向けてポジティブな姿を見せてくれると、いつも胸が熱くなります。ボクシングから学んだ活力・知力・気力をもとに、さらに精進すると共に、私を育ててくれたボクシングに少しでも貢献していきたいと思います。

### 「初志貫徹」
### 浅井大貴

私が選手生活で得たことは、逆境や、不利な状況の時に湧いてくる負けん気、強い気持ちです。大学時に部員の不祥事によりボクシング部が廃部となり、当たり前と思っていた環境がなくなった時、初めて失ったものの大きさに気づきました。悲しさ、もどかしさに押し潰されそうになりましたが、負けてたまるかという感情がふつふつと湧きはじめ、仲間と共にガムシャラに練習し、成績を残すという思い、そして仲間と共に部を再建させると心に決め、進みました。そこで初めて苦しい時、辛い時、逆境の時こそ負けてたまるか！という気持ちが芽生えること、新たな道を拓いていこうと思える自分に気づきました。また、何事も当たり前にあるものだと安易に考えるのではなく、常に存在するものはないからこそ、感謝（有り難い）の気持ちを持ち続けることの大切さを学ぶこともできました。そして、多くの方々の支えや応援が力になり、部を復活させることができました。選手兼監督という立場でも、本当に有意義な選手生活を過ごせました。ボクサーとして過ごした時間の全てが、私にとって何ものにも代えることができない大切な思い出であり、一生の宝物です。

### 「リラックスとは集中すること」
### 下村浩司

今でもそうですが、現役時代を振り返って思うのは、人生は紆余曲折を経て進むのが普通ということ。もし今、選手時代の自分に伝えられるとしたら以下のようなことを伝えます。
一、前に進めないなら、現状できることをまず腹を据えて極めろ。そうすれば次のステージが見えて来る。
二、本当にやりたいことがあるなら、人生の時間は意外と短いと思え。
三、凡才を憂うな。才能は道具、使うのは自分。
四、8割で成功に向かって進み、2割は疑え。
五、リスクを恐れて、そこに捕らわれるな。逆にどんな些細なことでも必ずリスクが生じている。

聞けばなんだと思うことも、自分で体験して理解するには膨大な時を要します。私の場合には32年費やしました。

「若いもんには負けません」

## 星 大二郎

これまでの試合で印象深い試合は、2014年、和歌山での全日本選手権決勝、東京農大の後輩・成松大介君との一戦。米澤諒治さんが私のセコンドで、成松君のセコンドは自体校の平野義幸先輩。4人全員が農大OBメンバーでした。翌年の和歌山国体決勝でも相手は東京農大の現役・森坂嵐さん。思い出深い試合になりました。両者共に五輪代表として活躍してくれたことに、感概深い思いです。また警視庁機動隊員でプロボクサーとしてリングに立つ杉田大祐さんとも全日本社会選手権の決勝で戦いましたが、彼もその翌年に日本一になった。これも喜びです。私も、まだまだ若いもんには負けません！

「継続は力」

## 杉田大祐

警察官の職務にボクサーの精神力、体力は活かすことができる、という雑誌の記事を目にして警察官を志しました。駿台学園で本格的にボクシングを始めました。インターハイでベスト8の成績が評価され東京農業大学へ進学。1年の頃は大学のレベルの高さについていけず、リーグ戦の補欠に入ることすらできませんでしたが、継続は力なりの精神で諦めずトレーニングを続けました。大学4年の頃にはレギュラーになり、リーグ戦に全戦全勝して階級賞を受賞。警視庁採用試験にも合格し、努力を継続していくことは大切なことだと身をもって感じることができました。警察官になってからも、全日本や国体など沢山の大会に出場し、警視庁のユニホームを着て全日本社会人王者になることができました。警視庁が高校生、大学生の就職先の選択の一つになればと思います。

「経験こそが宝物」

## 太田 茂

私の実家はボクシングジムを経営していました。父からボクシングを強制されたことはありませんでしたが、高校生になったとき、自分の力を試したいと思うようになり、ボクシングを始めました。デビュー戦の九州大会でいきなり優勝し、勝利の喜びからボクシングの魅力に取りつかれました。そこから大分県代表として全国大会での優勝を目指して練習に励むも、高校2年のインターハイでは1回戦敗退、3年時はインターハイ、国体でも準々決勝で無念の敗退。悔いの残る試合ばかりでした。それでも結果が認められ、関東の強豪である日本大学へ入学できました。そんな私の人生を変えたのは大学2年の全日本選手権の1回戦、全日本でも連勝していた三浦国宏選手（拓殖大～京都連盟）との一戦です。第2ラウンドに私の左で相手がまさかのダウン！あの興奮は今でも脳裏に焼き付いています。試合は逆転KO負けでしたが、その試合が評価され、日本代表として国際試合にも出場しました。日本代表という"努力のご褒美"は大きな自信に繋がりました。大学卒業後、スポーツニュースのTVディレクターとして取材をするうち、もう一度スポーツ選手として挑戦したいという思いが強くなり、周囲の反対を押し切って27歳でプロゴルファーを目指しました。全力で日々の練習を重ねましたが、プロになる夢は叶わず終わりました。それでも挑戦できた達成感があり、後悔したことは一度もありません。今まで負けを恐れず様々な挑戦や経験をしてきましたが、その全てが私の宝物です。これからも、指導と経営に全力で取り組んでいきます。

「環境とは自らの手で創るもの」

## 吉永幸晴

ボクシングを始めた中学3年の夏。恩師・山口正一監督と出会い龍谷高校に進学。全国大会に出場し、関東大学リーグ1部校の大東文化大学からもスカウトされるまでに育ててもらいました。しかし高校3年時、父が経営する会社が倒産し、やむなく進学を断念。高校卒業後は自動車鈑金塗装会社に就職しましたが、ボクシングは続けました。大学に進学した同期には負けたくないという気持ちは常にありました。ボクシングの出来る環境は自らの力で創ろうと独立起業。コツコツと仕事に励んだ甲斐が実り、開業から5年目の27歳で差し押えられていた実家を買い戻すことができました。高校3年での人生の分岐点から約20年が経ち、38歳となりました。4人の子供達がリングサイドから声援を送ってくれるなかで試合が出来たことが、自分のボクシング人生で一番幸せだったと思っています。現在は手造りのジムでアンダージュニアの指導をしています。子供たちの「可能性は無限大」という信念のもと、指導者として第2のボクシング人生をスタートしています。

「ボクシングは本当に最高だ！」

## 小口忠寛

信州の山の中で育ち、ケンカの日々を過ごした私がボクシングの魅力に取り憑かれ、気がつけば35年が経ちます。中2で世界王者を目指し、卒業式当日上京して駿台学園ボクシング部へ。とは言うものの世界へは程遠いまま横道に逸れ紆余曲折。しかし渡辺ジムとのご縁で尊敬する世界の内山高志のトレーナーとしてリングの上に立つことが出来たのでした。今こうして都内に居酒屋を開店できたのも内山あってのこと。開店

3年目、客はボクシング関係者が半分以上を占め、師匠達も杖つきながらも来店してくださいます。どうしようもない自分が唯一真剣に命がけで取り組んだボクシングだからこそ今も頑張れています。ボクシングは本当に最高だ！

「支え続けられたからこその現役生活」

## 桜井靖高

ボクシングは個人スポーツではありますが、たくさんの人達に支えられてきました。ボクシングに興味を持ったのはまだ幼い頃。その気持ちを受け入れてくださったのが、田島柾孝氏（大学卒業後、プロ入りした多寿満ジムの会長）でした。当時、小中学生でボクシングやっているなんてごく稀で、学校の先生も大反対。にもかかわらず堂々と、時にはガソリンスタンドの一角でボクシングを教えてくださいました。やがて高校生となりインターハイの埼玉県予選に勝ち上がるも、通っていた高校にボクシング部がなく、職員会議で出場が認められなかったのです。ところがその時、本庄高校の八巻紀男先生が学校に乗り込んで直談判してくれたのでした。八巻先生のもとには毎週土日、片道2時間半かけて通い、指導を受けました。その熱いご尽力のお陰で職員会議で逆転、大会に出場できることに。さすがに試合では気合が入りました。全国高校総体3位入賞の成績で、拓殖大学へ。4年のうち3年連続大学日本一になりましたが、1、2年は個人戦績6戦6敗と、どん底からのスタートでした。しかし、今度こそは！という熱い気持ちと、周りからの激励もあり、3、4年生でリーグ戦、大学王座決定戦では全試合に出場し、個人でも12連勝することができました。諦めずに情熱をもっていると、力になってくださる人がいるんですね。2018年の春、ボクシングとの出会いを与えてくださった、狭山市の田島会長のもとで新たな歩みをスタートします。54歳のチャレンジです！

「もう一度、左ジャブから」

## 曽根崎武吉

習志野高校、拓殖大学と、世界チャンピオンを数多く輩出してきた一流の環境で育ちながらも、私は三流以下の選手で終わりました。大学を出てから8年間民間企業に勤めた後、2003年から高校教員となり、ボクシング部の監督を務めることに。常に考えていたことは、自分が現役時代、何を考えて、何を努力したのかということでした。その場で言われたことだけをしていれば強くなると大きな勘違いをしていたのです。すべて他人任せで、勝つための努力を自分自身で何もしなかったからこそ、三流で終わってしまったのだと思います。だからこそ教え子たちには同じ後悔をさせたくないと思いました。高校時代、千葉県内で勝てなかったのが佐藤裕之選手（拓大紅陵高校〜中央大）。現役最後の試合となった山形国体で全く歯が立たず、ホールドでの反則負けという何とも情けない結果でした。柳光和博選手（南京都高校〜近畿大学）も同様。彼らがとりわけ強者だったのか？私よりも先にボクシングを始めていたとか、良い環境であったという理由ではなく、私よりも努力をしていただけであるということを、指導者となるまで理解できていなかったのです。ですから指導者となってからまずは徹底した反復練習による基本の習得しかないことを方針としました。一番最初の教え子である戸部洋平君（文理開成高校〜拓殖大学〜プロ）は拓殖大でレギュラーとなり、さらに2つ下の教え子、庄治正幸君（文理開成高校〜拓殖大学）とともに王座決定戦に勝利し、全国王座を獲ってくれました。戸部君は最優秀選手賞を獲得。私の大学時代の4年間は、関東大学リーグでは応援席で終わっただけでしたが、それまで永い間の悔しさにも決着をつけてくれました。また最後の教え子である堤駿斗君の世界ユースでの金メダルは、父上・直樹氏との幼少期からの努力と反復練習につきます。2013年に亡くなった父の跡を継ぐこととなり、現役時代から数えて20年にわたるボクシング人生を終えました。選手としては後悔ばかりでしたが、これからは過去の反省を活かしていくのが私に与えられた道だと思います。これまで多くの人たちと知り合えたことはとても大きな財産。指導者としても最高の13年間でした。現在、大学時代には一度も上がることのできなかった後楽園ホールのリングに、レフェリーとして上がらせてもらっています。リングの上で、教え子たちや後輩たちの勇敢な姿を見るのが、今一番の喜びです。

「10年先を見つめて」

## 三好大成

選手たちの10年先を見つめて、という思いで、少しずつ成長する様子を見続けていこうと思っています。ジムをやり始めて今年で11年目になりますが、小学生だったキッズボクサー達がジムを卒業し大学に進学、大学のリーグ戦で活躍しています。このいいサイクルを継続していきたいと思っています。

「まずはジャブを極めろ」

## 葛西裕一

日本チャンピオンになる以前から、アメリカ各地、世界挑戦後はベネズエラなどでのトレーニング、ラスベガスでのメインイベンターも経験し、他の選手がなかなかできないことを経験できました。ボクシングをしていなければ今の自分はいないと思います。歴史的に、ボクシングというスポーツはジャブというパンチの発明で進化を遂げてきましたが、最近のボクシングはジャブでつくる試

合が減ってきているように思います。確かにジャブは絶絶絶命のピンチを招くときがあります。しかし最近の風潮を打開するのもジャブの進化だと信じます。まずはジャブを極めてください。

「自分を観察し、自分を知る」

## 宮田豊三

自分を見つめ、観察し、自分で知る。考えて動くのではなく、体で感じて自然の反応で動く。それが、静でも動でもなく自然に流れてたどり着くということ。ボクシングを通じてそれぞれの人が自己目的を達成するための手助けをしたいです。

「練習は嘘をつかない」

## 三谷大和

山陽高校時代、指導をして頂いた岡山関西高校ボクシング部の熊本道之コーチからの言葉を信じ、365日練習を続けました。3年時には全国高校選手権で優勝することができました。アマ時代、2戦して2度勝てなかった1年先輩の松本好二さんは、相手に打たせないうまさがありましたね。その後進学した早稲田大学では国内戦負けなしの戦績を残し、プロ入りしました。松本さんにはプロで雪辱を果たしたい気持ちもありましたが、グローブを交えることはありませんでした。今は、高校時代の努力がボクシング生活のバネになったと思えます。良き思い出です。

「お互い励まし合いながら」

## 前田真一

現役時代、当然チャンピオンになる

ことを目標に頑張ってきましたが、まさか全日本選手権の頂点に立てるとは思いませんでした。ハードパンチャーの本田寛明選手（自体校）との試合前にはとにかくよく走り、常に練習を重ねることで恐怖心を拭い去ったことを思い起こします。今回W優勝した教え子の貞松、古賀は2018年選抜大会（宮崎）で共に2位という結果でした。今回は本気でチャンピオンを目指し、練習に取り組み臨んだ大会。2人ともに一戦一戦、リングに上がる度に成長していきました。W優勝の瞬間は自分の優勝時より嬉しさが込み上げました。自分が選手の時は、がむしゃらに練習するだけで良かったのですが、指導し始めて、教えることの難しさに悩み続けてきた17年間…とにかく、この2人は負けん気が強く、男子と同じ練習メニューをこなし、仲が良すぎる程でした。お互い励まし合いながら一生懸命に練習に打ち込む姿が印象的でした。素晴らしい切磋琢磨の相手に巡り会えたと思います。

「将来は学校の先生になりたい」

## 貞松優華

前田真一先生が指導を始めた年に私は生まれました。空手歴は10年。小学5〜6年、中2の時、極真空手九州大会で優勝しましたが、ボクシングの面白さにはまり、中3から熱中。2年半で前田先生のもと優勝できて嬉しいです。将来は学校の先生になりたい。

「勝った時はハンパない！」

## 古賀舞琴

兄・巧海の影響を受け、11歳から空手を始め、高校からボクシングに転向しました。ボクシングの面白さは相手との駆け引き。減量して苦しい練習もして、きつすぎるけどそれを

乗り越えて勝った時はハンパないくらい嬉しい！社会人になってもボクシングを続けていきたい。

### 6 大学リーグの指導者たち

「ボクシングは芸術」

## 三浦数馬

高校は4名程度の小さなボクシング部でした。3年の初めに練習場が取り壊されたため、近くにある弘前東工業高校（現・弘前東高校）の練習に参加させてもらいました。インターハイではバンタム級ベスト8。同期には臼井欽士郎、内山高志選手などがいます。東洋大学に進み、4年でキャプテンを務めました。2部初優勝を果たし、入れ替え戦にも勝利して初の1部昇格。私自身は1部で戦えませんでしたが、後輩に翁長吾央君など強い選手がいたので、1部の舞台に上げられたことは良かったです。数年後、須佐勝明、村田諒太選手などオリンピアンを輩出。次期監督候補の村田選手がプロに転向したため、東郷武理事より声をかけていただき、2014年に監督就任しました。現在4年目を迎え関東大学リーグ準優勝まで順位を上げています。柔軟性、自己分析、考えさせることをテーマに指導しています。ボクサーの選手寿命は短い。時間がないことを認識し、気持ちを込めて練習してほしいです。ボクシングは芸術とも言われますが、まさにその通りで、これほど奥深いスポーツは他にないと思います。

「昨日よりも強い自分でありたい」

## 高橋雄介

高校時代、がむしゃらに強くなりたい一心で夢中にボクシングに打ち込みました。お陰で全国大会へ出場し、メダルを獲得できました。その結果、日本一の名門・東京農業大学へ推薦

で進学。勝利にこだわること、そして主将としての立場を与えられた責任が私を大きく成長させてくれました。中でも遠く離れた故郷・山形からの声援、大勢の方々に活躍を喜んで頂いたことは現役生活の誇りでもあり、感謝の一言です。

「夢を語れるように」
## 林田太郎

「怠る者は不安を語り、努力する者は夢を語る」。習志野高校の道場に掲げてある言葉です。実際に仲間に夢など語ることはないですが、自分が努力しているかを確かめる一つの指標だと思っていました。次の試合のことを考えて不安が頭をよぎるときは自分に努力が足りないのではと感じさせてくれるのです。逆に成功のイメージが先行する場合は、努力できていると実感できました。指導する学生には「夢」を語れるようになってもらいたいです。

「"恩義"に尽きるボクサー人生」
## 星野大輔

自分のボクシング人生は"恩義"に尽きます。礼儀作法・言葉遣いなど現在の基礎を築いて頂いた高校の木庭浩介先生、大学の鈴木達夫総監督、現在もご指導ご鞭撻頂いている中洞三雄監督、鈴木大輔ヘッドコーチ、卒業後も様々な交流をさせて頂いている内山高志先輩を始め学友諸先輩方、選手達、家族、そしてボクシングと出会わせてもらった、今は亡き父に感謝します。

「徹底的に準備せよ」
## 佐藤友治

徹底的に準備せよ。リングに上がった時に勝負は決まっている。学生たちには自分で学んだことを徹底させています。

「努力は運を支配する」
## 井崎洋志

大学からボクシングを始めた私が、4年足らずで結果を出す為に何をすべきか。試合への出場を増やして、中高からの経験者との差を縮めていくしかありませんでした。関東大学リーグ3部に所属していたので、その機会も限定されます。ならばスパーリングを最大活用するしかないと、週6日の練習のうち5、6日はスパーリングを続けました。一番自信に繋がったのは、2年生の時、約20日間行った法政大学でのスパーリングでした。法政には日本ランカーが何人も在籍し、緊張と恐怖を感じる選手ばかりでしたが、あえて食らいついていきました。4年の時、最初で最後の全日本に出場。結果は3位。それをうけて、法政大学の斎藤監督は教え子たちに説教した、と聞きました。あれから私は母校の総監督として4半世紀ぶりに2部リーグ復帰を果たしました。初戦の相手はその法政大学。試合前、総監督となっていた斎藤さんとは久しぶりの再会でしたが、覚えていてくださいました。紫色の立教の教え子7名が紺とオレンジの法政の強者たちと相対しましたが、私は一人、感極まって涙がこぼれました。結果は0勝7敗でしたが落胆はしていません。差を埋めていく為に、あの市ヶ谷のリングで歯を食いしばった時を忘れずに向かっていこうと思います。闘いはまだ、始まったばかりです。

「今日の涙は明日の虹」
## 佐藤昭一

高校はボクシング部がなくジム通いをしました。県大会では自分一人、相手は花咲・秀明の大応援、メンタルが鍛えられました。大学での初戦は1987年の関東大学リーグ、相手は全日本準優勝の中央大の友部隆さん。初めての後楽園ホールのリング、1Rで友部さんに豪快に倒されましたが、2、3Rと手数で巻き返し、ポイント勝ち。実力者に勝利し、自分は全日本レベルの力がある、いつか王者になる！と自信を掴んだ一戦となりました。ところが拓殖大戦で顎を負傷。ボクサー生命が絶たれてしまったと失意のどん底に落ち、大きな挫折を経験しました。絶対に復活して皆を見返してやると誓い、1年間のリハビリを経て復帰。23歳の全日本選手権で一世一代、人生最大のチャンスが到来しました。決勝戦で1R、RSC勝ちし、全日本王者を獲得したのです。悔しい想いばかりの現役生活でしたが、どんな困難があっても常に目標を持ち続け努力を積み重ねていればチャンスが巡ってくるのだと実感しました。人生悪いことばかりではない！という自身の経験を後進に伝えていきたいです。

## 7 五輪ボクサーたちの今

「休むのが恐かった日々」
## 瀬川正義

当時日本で最強だった選手は1年後輩の阿部一彦選手（日大）です。4、5回ほど試合をしました。技術やスピードが飛び抜けて優れているとは思いませんでしたが、最後に対戦したロス五輪の予選では、なぜか阿部選手の防御からの攻撃に苦戦し、不思議な間合いと距離で攻防する試合となりました。阿部選手の動きはよ

157

く分かっているつもりでしたが、その時の動きは不思議と阿部選手の動きに乗せられてしまい、不思議な力を感じました。2度も五輪に出場した黒岩守選手とも5度も対戦できました。山梨県職員になってからは、2度ほど全日本選手権に出場しましたが、仕事もあって練習不足となり、学生時代の経験だけで試合をしていた感があります。全日本社会人大会（福岡）では練習もしないでバンタム級で出場し、痛い目にあって反省したことを思い出します。高校で恩師から「1日休んだら取り戻すのに3日かかる」と指導された私にとっては、練習を休むことは恐いことでした。懐かしく思い出します。

「ライバルは自分」
## 副島保彦

佐賀県唐津市で生まれ、物心ついたときは福岡市に住んでいました。小学4年生の時に父の転勤で神奈川県藤沢市に移りました。小学6年生の時、近くにボクシングジムがあったのですが、これがボクシングとの出会いです。中学1年生の時、日本タイトルマッチのエキジビジョンとして世界チャンピオンであった輪島功一さんと試合させてもらったことが、一番の刺激となりました。大勢の観客がいる中、輪島さんは私にボクシングが好きになるためのスパーリングを経験させてくれました。高校から大学まで、何度か負けたことはありましたが、競技生活の中で、山神ボクシングジムの山神淳一会長、横浜高校の海藤晃監督、中央大学の齋藤義信監督の指導の下、インターハイ、全日本選手権、アジア選手権等で優勝することができました。順風満帆な選手生活だったと思います。最大の挫折と言えば1980年、モスクワオリンピックへのボイコット事件です。チャンピオンを目指していた私にとっては考えられない仕打ちでした。私自身、この事件を契機に様々なことへの価値観が変わったことは間違いありません。引退して33年、還暦間近になった今日この頃、穏やかな日々を過ごしています。ただ、2020年の東京オリンピックを迎える選手達が羨ましいですね。

「限りなき前進を」
## 内山 昇

思い出に残る試合は1976年7月19日、モントリオール五輪LF級の1回戦。ダン・ブレンダン（アイルランド）に2回1分42秒RSC負けを喫した一戦です。1R、2Rと左ストレート、左カウンターがヒットして主導権を握り、勝てる相手だと確信しました。ところが2R中盤、右フックを相手の顔面にヒットさせた後、相手が頭からきた瞬間、右眼上から鮮血が滴り落ち、レフェリーが医師を呼びました。医師は続行不能を告げ、相手のバッティングによる失格勝ちと思ったのですが、意外にも相手の手が上がったのです。このレフェリーは翌日から審判委員会で処分されました。一生に何度もない五輪出場。多くの方々に壮行会をして頂いたのに不甲斐ない結果となり、消えてしまいたい惨めな思いでした。ある方に25歳の時、「人間万事塞翁が馬」の名言を教えられ、そこから五輪の苦い思いがプラスに変わりました。事業を始めて31年が経過しましたが、ボクシングが我が人生の道標となっていると思う今日この頃です。

「努力は裏切らない」
## 川上雅史

きっかけは志望高校の不合格でした。進学後、中学生までやっていた剣道ではなく、ボクシング部に入部。入部当時は太っていたのですが、厳しい練習のせいか半年で10kgも痩せてしまいました。ただ、それでボクサーらしくはなったと思います。高校2年の総体の準々決勝では、ダウンをし救急車で病院に運ばれました。医者からは競技の続行を反対されましたが、両親は許してくれました。今でも感謝しています。今思えば、勝つことへの原動力は志望高校の不合格で、両親を落胆させた悔しさであったような気がします。現役時の多くの挫折は、努力で乗り越えてきた部分もありますが、勝負は時の運もあり、努力したからといって結果がついてくるとは限りません。しかし努力をしなければ結果も出ません。指導をしてくださった先生方、一緒に苦楽を共にした先輩、同期、後輩たち。そしていつも陰ながら応援してくれた両親に何より感謝しています。

「やると決めたことはやる」
## 仁多見史隆

試合に勝つためには自分に勝たなければなりません。相手を想定し、分析して戦術を練り、攻撃・防御のパターンや順序を磨く中で、自分の欠点や長所を理解し、その数倍自分を奮い立たせていくことが重要です。今の選手達には、ボクシングの歴史の深さと、それが先人たちの努力で繋がれてきたことを伝えたいです。そして、良き対戦相手がいるから試合が成立するのだということを理解して常に相手を尊重する心を持ち、誇り高く紳士的な存在でいてほしい。私はボクシングを通じ、偉大な指導者や同僚と出会うことができました。オリンピックに出場できたのは、周りの人たちの支えと協力があったから。指導者としての心構えや社会人としてのあり方も教えてもらいました。現役時代、精神的にきつかったのは、大学入学直後、先輩との力量の差からスパーリングで歯が立たなかった時と、オリンピック2次予選であと1勝まで進んで敗退した時です。これからの夢は、自分がしてもらったことを指導に役立てながら魂を引き継いでいくこと。少子化や部活動のあり方が見直されている昨今、特に地方においては普及が難しくなっています。知恵を絞って打破して

いかねばなりません。

## 「夢を夢のまま終わらせるな」
### 村田諒太

高校時代の恩師・武元前川監督は、厳しいだけでなく人としてのあり方を教えてくれました。仲間たちとリングで共に生きた時間はかけがえのない連帯を生みました。精神力を鍛えることは技術力を上げるより重要でした。2010年に急逝された武元先生の夢は五輪選手を育てたい、というものでした。そんな僕がプロに行く以上、負けは許されません。初め妻は反対していました。それで道に迷っていたころ、NHKの番組の収録で奈良市内にある母校の小学6年生たちと2日間を過ごす機会がありました。子供たちには「夢を夢のまま終わらせるな」と伝えましたが、自らの言葉で、再び心の底に眠る思いを呼び覚まされました。収録を終えて妻に再度、「やはり夢を追いかけたい」と打ち明けると今度は許してくれました。たぶん、最初に相談した時より私が前向きだったからこそ許してくれたんだと思います。妻には心から感謝しています。

## 「すべての経験が自分の財産」
### 山田 渉

大学卒業後、プロ入りの思いもありましたが、オリンピックで金を獲りたいとの気持ちが勝り、自衛隊体育学校へ。中国でのアジア選手権大会代表として十数キロの減量を乗り越えましたが、出発直前に天安門事件が発生。公務員のため渡航かなわず辞退に追い込まれました。悔しい思いは今も込み上げてきます。1991年、全日本で優勝するもバルセロナ五輪代表のアジア枠には入れず、夢叶わぬまま引退。印象深い試合はソウル五輪2回戦でベスト8をかけたルーマニアのドメトルスク選手との試合。3Rラスト30秒での猛ラッシュでRSC寸前まで追い込むも判定負けの屈辱を味わいました。バルセロナ五輪への出場はなりませんでしたが、三人の世界チャンピオンとの対戦にも恵まれました。元気かつ健康で家族にも恵まれ、日々自らの道を歩めることに感謝しています。

## 「一生青春」
### 須佐勝明

現在、若い選手と練習をしていますが、いまだに練習の中でボクシングの技術・能力の向上を目指しています。一方コーチとしては、選手と意思の疎通を図り、一体となって喜怒哀楽を感じられるくらい熱い指導をしていきたいと思っています。減量中やリングの上では、指導、助言はあっても誰も助けてくれません。減量するための計画、勝つための"フローチャート"を習得することが大切です。

## 9　名門・習志野高校

### 「怠る者は不安を語り、努力する者は夢を語る」
### 坂巻義男

指導者として思い出深いのは、岡山での高校総体、沖縄興南高校の下地戦です。教え子の岩佐亮佑が、しつこく向かってくる相手に根負けしましたが、岩佐の努力する姿が目に焼き付いています。全国高校選抜大会での重田戦ではいくら作戦を立ててもかわされるジレンマが、過去の自分と重なりました。何とか一度は優勝させてやりたい気持ちでしたが、佐賀での高校総体では完璧な試合で優勝をしてくれました。今も強く記憶に刻まれています。

## 「真の強さは優しさ」
### 関茂峰和

私が指導で大切にしているのはボクシングを通じた人間力の向上と、人に感動を与えられる選手の育成です。特に、人にプラスの影響を与えられること。全力を尽くし苦しみを越えたところでこそ感動、喜びを味わえる。真の強さは優しさであることを証明したいと思います。

## 「過去の自分を美化しない」
### 小松 学

引退後のスポーツ選手は、とかく過去の自分を美化しがちで、社会に適応できないというケースが多々あります。結果を求めるあまり、ボクシングが強いだけの人間になりませんように。またボクシングに限らず、スポーツから得られるものとは一時の栄光や名声でなく、困難に立ち向かう勇気、壁を乗り越える為の努力と試行錯誤、周りへの感謝、自分と厳しく向き合える精神力だと思います。スポーツマンシップを忘れずに！

# わが人生を豊かなものにしてくれた君たちへ

## 仲間達也君へ

菊池浩吉

日章学園高校ボクシング部元監督／
日本ボクシング連盟事務局長・副会長

　20年ほど前、沖縄遠征や九州大会に行くと、沖縄県に素晴らしい挨拶をする少年がいた。日章学園で指導者として挨拶を重んじていた私は、この少年に声をかけずにはいられなかった。前向きで明るく素直な少年で、強かった。九州大会でも、私の高校の選手はKO負けだったが、きっとこの少年は全国大会で優勝するだろうと思っていた。その少年は卒業すると、私に連絡をくれた。「先生、宮崎大学医学部に入学することになりました」。高校で首席だとは聞いていたが、宮崎に来るとの知らせに、偶然だけではない何かを感じた。それからこの学生は大学でも優秀な成績を残し医師となった。それが仲間君である。社会人としての付き合いが始まり、宮崎県ボクシング連盟に入ってもらうことになった。リングドクターとして大きな力を貸してもらっている。時折、フェイスブックでも世界の舞台で活躍する様子を見る。心の何処かで、こんな小さい世界に閉じこもっている人間ではないと思っていた。日本のために活躍できる人材である。心から応援しているよ。

▲1983年、関東大学リーグ（右）。黒岩守戦

## 寺地永会長と拳四朗さんへ

篠原茂清　「パーソナルトレーニングスポットエレス」代表

　寺地永会長が現役時代、フィジカルトレーニングの指導をしていたのがもう24年くらい前のこと。まさか息子の拳四朗さんが同じプロボクサーになり、指導をするようになるとは！何か感慨深い気持ちになってしまう今日この頃です。寺地会長、拳四朗さん！世界チャンピオンを獲り1年以上の防衛を重ねてきましたね。名チャンピオンを目指してこれからも一歩一歩前進して頑張っていきましょう！

▲2017年11月、「パーソナルトレーニングスポットエレス」にて（右）

## 選手のみなさんへ

吉田　葵

元慶應大学ボクシング部マネージャー

　慶應ボクシング部マネージャーとして3部から2部昇格の選手達と共に過ごした4年間のボクシング生活はまさに青春そのものでした。これからも清く強くボクシングを楽しむ方達が活躍されることを、心よりお祈りいたします。

## 松本好二・圭佑親子へ

下津浦匡　「シモットランスポート」代表取締役

　ボクシングは、中学3年の終わりの頃から横浜高校に通って練習をしていました。高校進学と同時にボクシング部に入部。ボクシングと出会って自分が一番得たものは、何をやっても折れない強い心を持てたことです。仕事などで大変な時があっても「ボクシングよりきついものはない」と思い、自分に言い聞かせることで、すべて乗り越えることができました。そこで出会ったのが松本好二君と葛西裕一君です。松本と葛西とは今でも交友関係が続いています。今思うと運命の出会いというか、自分にとっての一番の財産になっています。特に松本についてはプロ転向後、日本、海外の試合すべてに応援に行きました。今は松本の息子の圭佑君の試合にも、神奈川県予選からインターハイや国体まで欠かさず応援に行っております。今春、圭佑が東京農大に進学し大学リーグ戦で活躍しています。今は、圭佑の姿を見ることが自分の一番の楽しみです。

　な末路をたどるボクサーが後を絶ちません。米国、ヨーロッパも含めて他の国も似たりよったりでしょう。自分の弱さに打ち勝ち、また「感謝の気持ち」を教える、日本のアマボクシングの哲学は世界に誇れるものです。

　私の記憶するベストファイトの思い出は、森里志が1997年のなみはや国体で優勝した試合。その勇猛果敢な試合振りを宇土元二監督に認められて東京農大に進学。その2年後、のちに世界チャンピオンとなる清水智信（現・福井県会議員）が森の後を追って農大へ進学。両者共に主将を務めて大学に恩返しできたことは指導者冥利に尽きますし、私の誇りです。

　清水は高校時代、その非凡なセンスは光っていたものの線が細く、当初、宇土監督は清水を取りたくなかったようでした。私と金沢クラブの黒田三郎先生で説得したのですが、やはり先輩の森が頑張っていたのが大きかったです。清水のボクシング人生を顧みますとここが分岐点で、もし東京農大に行っていなかったら後の活躍（プロでの世界タイトル獲得を含めて）はなかったことでしょう。裕福な家庭に育った清水は農大の寮生活の中で男社会に揉まれてハングリー精神など様々なものを学び、それが競技成績にも結びついたのは間違いありません。「森なくして清水なし」なのです。

▲2017年8月、全国高校選抜（福島）。松本好二（左）と下津浦

## 思い出深き教え子、森里志と清水智信

古川久俊　ボクシング・プロモーター

　「ボクシングは人生の縮図、苦しい時こそ頑張れ」との言葉を、羽水高校ボクシング部の部旗に入れました。日本のアマチュアボクシングには教育という哲学がその根本にあります。確かにメキシコはボクシングの本場ですが、ボクシングは金を稼ぐ、あるいは有名になる手段（スペイン語でいう、EL DINERO Y LA FAMA）にしかすぎませんから、人間的成長には程遠く、ゆえに引退後は悲惨

▲1997年、大阪国体決勝。森里志（右）対佐藤幸治（西武台千葉高）戦

# 『AFTER THE GONG』刊行を祝して

## ボクサーの"人生"を映す

宮田徹也　嵯峨美術大学客員教授

　高尾啓介は様々な写真を撮影し、とりわけボクシングに熱を入れている。プロの試合の報道よりも、特にアマチュアボクシングに注目している点が特殊であろう。

　高尾はこれまで「週刊文春」「週刊アエラ」「月刊カメラマン」などの雑誌や、『目で見るボクシング』『図解ボクシング』（成美堂出版）などの入門書の他、脇浜義明『リングに賭ける』（岩波書店、1996年）などの単行本や報道特番等のTV番組等でも写真を提供、発表している。単著の『この道一筋』（2007年）では高校ボクシング指導者の横顔を、『メダリストへの道』（2012年、以上石風社）では五輪に挑むボクサー達を主人公として、物語を紡いでいる。

　高尾は写真の構図やボクサーの内面、試合の決定的瞬間を撮影しようとしているのではなく、ボクサーの人間としての人生そのものを捉えようとしている。それが単なるポートレートに陥らないのは、やはりフォトグラファーとしての素質と観察眼、そして努力の賜物であろう。

　高尾は今回、これまで関わったアマチュアボクサー達が今日どのような顔と思想で活動しているのかを、自らの写真活動37年の集大成にまとめようとしている。高尾は、思い出の為に写真集を出すのではない。だから、学生当時に試合している各人と今日の各人の、単なる姿の対比ではない。これまで生きてきた人間が、今、どのような顔をしていて、これからどのように生きていこうとしているのかを撮影しているのである。そこに、本人自身が含まれていることにも注目すべきであろう。高尾は自らが環境に含まれることを前提にしている。環境に含まれているからこそ、彼らと共に闘ってきたことが立証される。ここに掲載されている写真には、高尾自身のこれまで、今と、これからが写し込まれているのだ。

　高尾は各人にアンケートを求め、集まったアンケートを読み込んで、自らの写真を選択し編集した。高尾が撮影する被写体が肖像だとしても、リングで自らに向かって戦いパンチを繰り出す姿を前提としていることが挙げられる。言葉を返せば、高尾が撮影する試合の写真は、その被写体の肖像、つまりイコンになっているのだ。今日の人間は、選手、学生、社会人、家庭、友人、教師など様々な顔を持ち合わせる。時には、同じ人物かと思わせる程多様な顔を兼ね備える人間もいる。現代を含む近代という未曾有の時代に、人間は分裂症に落し込まれている。それでも我々は一人の人間であり、一個の人格であり、人間としての尊厳を保つ。このギリギリの綱渡りの瞬間を、高尾は見逃さない。

　幼稚園のキャメラマンも務める高尾と私の関係は、実はパパ友達としての知り合いだ。敗戦後に興隆したボクシングは熱く国民に受け入れられた時代があったが、今や競技スポーツの多様化等により、存在感の低下が感じられるのは否めない。それでもボクサーは輝き続ける。

　ボクサーには社会不適合者と言われる者から、エリートと呼ばれる様々な人間が集まっている。ボクシングは人を殴るだけの野蛮な行為でもなければ、厳粛なルールを守る健康的で健全なスポーツでもない。それは尊厳を否定する国同士の武力戦争や経済戦争でもなく、高貴で敷居の高い芸術でもない。何か、何処にも属さない、人間が根底に持つ、言い得ない魅力を携えている。様々な人間がいて、その様々な人間が多様な価値を持っている今日に、それぞれが、それぞれの価値を尊重し、自らの尊厳を保つ姿がそのまま、この著作に登場する人間達なのだ。

　ボクサーとは特種でありながらも特別ではない。ボクサーでなくとも、我々は皆、既にボクサーなのだ。「嘗てボクサーだった」という言葉は存在しない。我々はまだ、リングに登り孤独に戦うボクサーなのだ。そして、高尾はまたこれからもボクサーなのである。

## 写真を見て羨ましくなった

前田衷　『ボクシング・ビート』元編集長

　写真家・高尾啓介君による3冊目の写真集の刊行を歓迎したい。

　この本を手にする多くの読者がすでにご存じのように、高尾君はボクシング、それもアマチュアボクシングを専門に長く写真を撮り続けてきた人である。佐賀に生まれ、高校（佐賀龍谷高校）・大学（中央大学）を通じてボクシングに打ち込んだ。そしてボクシング写真は卒業後の1982年の関東大学リーグ戦から本格的に撮影しているという。もう37年も撮り続けてきたわけだ。

　スポーツの中でも特異な地位を占めるボクシングの魅力に惹かれてこの世界にのめり込んでしまったカメラマ

ンを、筆者は何人か知っている。中にはただボクシングを撮りたい一心で、写真学校に進学してカメラマンになってしまった人もいた。元ボクサーも少なくないが、彼らの被写体はほとんどがプロボクシングである。高尾君のようにアマチュアの試合にカメラを向けてきた人を他に知らない。独自のジャンルを切り開いてきたとも言えるが、彼以外に後継者がいないことでも推察できるように、労多くして割の合う仕事ではない。よほどボクシング・ボクサーが好きでないと続かない仕事であることは間違いない。

　あらゆるスポーツ写真の中でも、ボクシングはもっとも難しい競技のひとつだった。過去形にしたのは、撮影機材の飛躍的技術革新によって、特にオートフォーカス・デジタルカメラが全盛の今、素人でも昔のベストに近い写真が撮れるようになったからである。それでも、シャッターを押せば確実に傑作が撮れるというものでもない。高尾君のような円熟の職人芸が依然として必要とされるわけである。いまも国内のアマチュアの主要大会にはいつも試合にレンズを向ける高尾君の姿がある。これは過去形でなく「現在進行形」、いや、未来形でもあろう。

　ボクシング写真という狭いジャンルとはいえ、撮影者の目的によって撮られる写真も大きく異なる。報道目的もあれば、アートなものを狙ってカメラを構える人もいる。また記念写真のひとつとしてシャッターを押す人もいるだろう。共通するのは「記録すること」の重要さである。高尾君はまさしくカメラによってアマチュアボクシングのリング史を記録してきた。「継続は力なり」はどの世界にも通じる格言であり、高尾君が長年にわたってシャッターを押し続けた結果として、今回の写真集が誕生したわけである。

　この写真集にはかつてアマチュアのリングに立ち、今はさまざまなジャンルで活躍するボクサー120名以上が紹介されている。著名人もいれば、普通の人もいる。これが現実的でいい。登場するひとりひとりの「THEN & NOW（過去と今日）」を一対とした写真を眺めているうちに、つくづく彼らが羨ましくなった。そして「よかったね」と声を掛けたくなったのである。

▲2017年、「バーデンバーデン」にて（右端が筆者）

## テレビやネットにない"ドラマ"

福田直樹　フリーカメラマン

　子供のころは海外の試合中継などほぼなく、雑誌掲載の写真を穴が空くほど眺め、その選手の人間性までを想像していました。ボクシングの写真家になりたいとの思いは、子供のころから写真を拠り所にしてきたからです。

　今や衛星放送やネットで世界中の試合を手軽に観られますが、それでも写真には、映像では絶対に表現できない力、瞬間のドラマ、それぞれの思いが凝縮されていると思います。まして膨大な時間をかけ、一つのテーマをひたすら追ってこられた高尾さんの作品からは、被写体だけではなく、ご本人の人生を物語る特別な説得力が感じられます。出版おめでとうございます。

▲2018年11月、全日本選手権会場にて

# 「一瞬」を刻んだ写真が一生の糧に

内田貞信　一般社団法人日本ボクシング連盟会長

『AFTER THE GONG』の出版、誠におめでとうございます。

私事ではありますが、この度、平成30年9月8日、一般社団法人日本ボクシング連盟の第13代会長に就任致しました。これまで脈々と続いてきた歴史ある連盟の会長職を務めさせて頂き大変光栄でありますとともに、職責の重さを痛感し、身の引き締まる思いです。

ボクシングという競技には、「躍動する身体、飛び散る汗、選手たちの力と技の攻防」、そして「意地と意地のぶつかり合い」という面白さがあります。幼少時から格闘技に興味がありましたが、長じるにつれボクシングへの興味や憧れが強くなっていきました。高校で虜となり、大学まで競技を続けましたが、卒業と同時に経営の道を選び、それからひたすら邁進して企業経営者として今日に至ります。しかしこの年になって、高校や大学でお世話になった指導者、先輩、同級生、後輩など、私を育ててくれた「宝物」があったことを知ることとなりました。図らずもこの競技の統括団体の代表となり、改革を進めている現在、予測できない人生の不思議さを感じている次第です。

新体制が生まれるに至った背景にはインテグリティ、ガバナンス、コンプライアンスに対する希薄さがあったと言えるでしょう。教育は、「指導した」、「教えた」だけでは終わりではありません。教えを受けた側が自立して正しい考え方を持ち、自らが判断できる力を身につけた時に初めて「教育の完成」となるのでしょう。また大人が子供に対し「成長しなさい。変わりなさい」などと促す一方で、自身は変わろうとはしない例をよく目にします。ここにはインテグリティは存在していないのです。指導者と選手が共に学び、成長し、高潔性を身につけていくことこそが大切なのだと思います。

また、改革を進める中で、判定の難しさを痛感します。人が裁く競技であることは、判定を下す側と下される側、そして観衆も同様に、共通した判定の基準を理解してもらわねばなりません。判定の基準をわかりやすく説明できる機会をつくり、実施していきます。その他にも多くの改革を進めていますが、そのエネルギーは計り知れません。もちろん私だけではなく、関係者全員が、競技の普及を進めて、楽しめるスポーツにしたいという一心で協力をしています。

スポーツには夢がある。そして夢には力があります。私たちには、「ボクシング競技に育てられた自分があるから、そのボクシングを通じて人を育てよう」という思いがあります。ボクシングという競技によってインテグリティ教育を進め、それによって社会性を育むことで成功することを期待したいと思います。たとえ一流選手でなくてもボクシングに携わったことを誇りに思えるような競技団体にすることを目指しています。優秀な選手、勝てなかった選手、マネージャー、指導者、保護者、サポートしていただける方々のどの立場からも「学び」があることがスポーツの良さと言えます。時には敗戦の挫折を味わうことも、人間力の成長と力強さを身につけさせてくれるものと思います。

今回、ここにプロ写真家である高尾啓介氏の写真集が完成しました。高尾氏も高校から始めたボクシングによって学びがあり、成長した一人ではないでしょうか。感謝の心があるから、37年もの間ボクシングを撮り続けてこられたのだと思います。その瞬間、一枚一枚の写真が時を刻み、忘れられない一瞬を一生のものにしてくれます。選手たちは、この「瞬間」がのちに人生の糧になる事実を知ることになるでしょう。

さて、これまでにたくさんの輝かしい成績を修めてきた連盟ですが、今後は老若男女問わず、より多くの方がボクシング競技への興味関心を高め楽しんで参加して頂けるように、公正化・透明化された新しい連盟を皆様と共に作っていきます。また連盟が一丸となって公益社団法人化を目指す所存です。東京オリンピック開催に向けて、皆様と共に全力で推し進めることが必要です。必ずや成功に導く覚悟です。これからも何卒宜しくお願い致します。

▲2018年10月、福井国体・開会式。会長として初めての舞台に立つ内田

▲日章学園高校時代の内田。1990年、福岡国体準決勝（少年の部3位）

# 『AFTER THE GONG』編集委員会

## 原 光二（こうじ）
1977年兵庫県生まれ。飾磨工業高校教員／ワンダーフォーゲル部顧問。「ボクシングのキャリアはありませんが、縁あってボクシング部顧問になり、県大会、ブロック大会、全国大会の運営に時々携わらせていただいています。この写真集をいつか後世の人たちが、ボクシングに興味を持ったとき、ボクシングを始めたとき、悩んだとき、グローブを置き自身の将来を見つめるとき、それぞれの状況における指針となるように、そして人々に愛されることを願っています」

## 成清大介（なりきよ）
1979年佐賀県生まれ。龍谷高校〜立教大学〜映像制作会社勤務。高校2年の6月よりボクシングを始める。'00年、全日本選手権LM級ベスト8。アマ通算15戦7勝（2KO・RSC）8敗。「ボクシングの実績を最大限に活かして試験を通過し、進学・就職してボクシングを続けることも素晴らしいこと。ボクシングの実績は用いず、進学・就職してボクシングを続けることも素晴らしいこと。未来ある青年たちには、ボクシングを続けるための選択肢はたくさんあることを忘れないでほしい」

## 白岩 篤（あつし）
1972年福島県生まれ。双葉農業高校〜国際ジム。アマ通算25戦15勝（9KO・RSC）10敗。「高尾さんの写真集の編集に携わることで、ボクシング界に貢献できたらいいなと思います」

## 藤村征治
1972年千葉県生まれ。松戸矢切高〜日本体育大学。「フジツール」勤務。'90年全国高校選手権（宮城）Fe級優勝。趣味は母校の試合観戦

## 物江 潤（ものえ）
1972年福島県生まれ。若松商業高校ボクシング同好会出身。「ギフトプラザ」勤務

## 田実久美子（たじつ）
東京都生まれ。社交ダンス・インストラクター

## 有川直見
和歌山県生まれ。明治大学ボクシング部マネージャー〜会社勤務

## 倉田徹也
1960年三重県生まれ。津高校〜東京大学。自営業／ボクシングライターとしても活躍

## 槙 一成（まき かずなり）
1983年北海道生まれ。恵庭南高校〜東洋大学〜自営業。アマ通算29戦19勝（4KO・RSC）10敗。

## ◎協力

大石禅／伊藤雄太／小松毅史／佐藤秀行／田中沙貴／成田一矢／本地博文

## ◎著者

### 高尾啓介
1958年佐賀県生まれ。龍谷高校〜中央大学。'82年、アマチュアボクシングの撮影を開始。'90年、「フォトグラフオフィスタカオ」設立後、書籍・雑誌その他印刷媒体等で活動。'96年より「オフィスタカオ」として活動。JPS日本写真家協会会員。著書に『この道一筋』『メダリストへの道』（以上石風社）

# あとがきにかえて

## 高尾啓介

「どうしてアマチュア・ボクシングなの？」と聞かれることがよくある。私には確たる答えがない。仕方なく、「華やかなプロの写真を撮るカメラマンは大勢いるから」、あるいは「学生達の姿を残すカメラマンがいないから」と答えている。拳に金を求めず、名声も求めぬ自らとの戦いの場。そんな、"修行僧"のようなボクサー達にエールを送る気持ちで撮るんだ——そう言うとカッコ良いけれども、元来、争い事を嫌う性分もあり、会場に競合相手がいなかったからに過ぎないのだ。若い頃は大学生達に、「20年もしたら我が子に写真を見せて、俺の青春はこれだったと言って自慢しろよ」とか、「50年後、ホームに入居した後も肩身が狭くならないぞ」などと言っていたが、私は今もこうして高く飛べないカメラマンを続けている。

＊

幼少時、母の祖母宅に預けられて育った私は、小学生のころは体が小さく、学校や集いの場が苦手で、一人遊びが好きだった。父の実家に預けられた頃は、叔母から「お爺さん孝行は今しかできないから」と促されては祖父の手を握り、銭湯までバスに揺られ出かけていた。相撲好きだった祖父の影響で子供のころから相撲・プロレス等、TVで見る機会はあったが、ボクシングが好きだったわけではない。

私の生まれた1958年（昭和33）は戦後まだ13年目で復興の真最中。多くの国産製品が溢れ始めた年でもある。東京タワーが竣工、東京〜大阪間を初の特急「こだま号」が走り、スポーツでは、後楽園ホールの前身「ジムナジアム」が開場。明仁皇太子殿下が正田美智子さんとの婚約を発表。アサヒペンタックスSP一眼レフカメラが登場したのもこの年。昭和の"レジェンド"のような年だ。

10年後の'68年、『少年マガジン』で「あしたのジョー」（高森朝雄原作・ちばてつや画）の連載が始まった。'70年、TVアニメ化されて釘付けになったのが中学の時である。当時、3歳年上の兄・耕平は、機嫌が悪い時、私を憂さ晴らしの相手にした。弟の私をプロレスの技の試し相手にして、関節技、蹴り技。「参った」と言っても技を駆けまくられる。歯向えない私はしごきにしごかれた。兄は母が家を出ていってからというもの、特にこうした"可愛がり"をするようになった。現在、兄は大病を患いながらも回復し、佐賀市で甥っ子と一緒にレストランとワインバーを営んでいるが、店へ行けばカウンター越しに「俺が鍛えてあげたおかげだ」とうそぶいている。

当時の私がボクシングに魅力を感じたのは、TVで見た大場政夫（1949〜'73、WBA世界フライ級チャンピオン）の影響だった。チャンピオンでありながらがむしゃらな戦いを挑み、時には大逆転勝利する姿に魅せられた。

その頃から何事もやられっ放しじゃいけないとの思い

はあったが、ボクシングを習えるような場所はなく、佐賀市立成章中学では成りゆきで転々とクラブを渡り歩いた。陸上部、理科部、体操部、サッカー部…どれも没頭できなかったが、最後に移った写真部では、授業が終われば廊下を駆け抜け暗室に入るほど愉しかった。

父の稔（1925〜2009）は西日本新聞社の記者だった。佐賀支局にいた父の取材や撮影、そして暗室作業など、普段から仕事現場に付き添った。学校帰りにはよく新聞社に立ち寄り、近隣への取材にも同行。小学4年生で父子家庭になった事情を知る支局長の配慮で、"子連れ取材"にも目をつぶって頂いていたのだろう。

中学の時、佐賀で開かれた大相撲巡業の取材についていく機会があった。横綱は北の富士、大関に佐賀出身の大麒麟がいた。当時TVでしか見ることがない力士たちにレンズを向け、時に父親のそばを離れては土俵際まで近寄って写真を撮りまくった。その写真を相撲専門誌に「力士の写真譲ります」と投稿したところ、「譲って下さい」という手紙が届けられてきた。日本各地の見知らぬ人から写真を求められる喜びや優越感。写真小僧だった私には何にも代えがたい体験だった。

また、私が中学校の運動会で撮影した"クラスメートと迷い込んだ子犬"の写真を父が丁寧に白黒キャビネ版で2枚、プリントしてくれた。モデルとなったR子さんに渡そうと思ったが、一人で渡す勇気がなく、友人を連れ立って自宅まで足を運んだ。玄関先で差し出した写真をR子さんは写真を手に取り、「綺麗に撮ってくれてありがとう。高尾君、うれしい！」。R子さんの輝く瞳とともに、贈った気持ちが跳ね返ってくる喜び。大いに自信を与えられた瞬間だった。

県立高校に落第した私は、私立の佐賀龍谷高校（普通科）へ進んだ。兄は進学して上京した為、父子二人暮らしが始まった。兄との別れにはどこか清々したものの、寂しさと空虚感も大きかった。

新学期が始まって間もないころ、担任の教師がこんな話をした。「2年後の'76年（昭和51）、佐賀国体開催に向け、エアーライフル、フェンシング、ボクシングの選手を募集している」。実は県内の高校にそれらの活動の場もなく、県代表選手育成の為の募集だったのだ。私は迷わず教員室へ行った。担任は学校内のクラブを薦めたが、私は「見学だけでも…」と案内を胸のポケットに押し込み、「佐賀ボクシングクラブ」がある佐賀総合運動場へ出かけた。これがボクシングを始めるきっかけだった。

成長期の私にとって減量と調整は辛く厳しい時間だった。しかし、勝利を目標に練習をするのは気持ちよかった。試合はクラブで練習する仲間同士。一度負けた者は多くが辞めてしまう。しかし僅かな達成感を楽しみつつ

練習を続けた。その先には佐賀国体という目標があった。

高校2年の春にバンタム級（51〜54kg）の強化選手となった私には、佐賀クラブ少年の部主将という務めもあり、責任は重大だった。当時は身体の成長が著しく、身長は175cm、体重は60kg近かったのでかなり厳しい減量に耐えねばならなかった。前哨戦となる8月の全国高校選手権（石川）では空しくも1回戦で東北王者に敗退。屈辱を経て2ヵ月後の国体へ向けて練習に励んだ。今では笑い話だが、矢吹丈の宿敵・力石徹のように米・麺類を一切断ち、リンゴ・野菜・豆のみを主食に調整した。国体では予想以上に体が動き、関西、中国の優勝者と、さらに準決勝では全国2位の選手との対戦だったがここでも勝利。全勝の成績で大会を終えることができた。当時は5人制の団体戦だったが、その喜びは忘れられない記憶となった。それまで、飽きっぽくてどこか飄々と生きてきた私にとっては、勝つことへの執念を燃やした経験が、貴重な財産として今も胸の奥に息づいている。

こうして中央大学へ推薦入学となったが、4年間を収容所のような寮で過ごすこととなる。先輩に盾突いて寮をしばらく出たことや、規則違反で20歳過ぎての丸刈りになったことも、今は懐かしい思い出だ。結局、個人戦では大した記録を残すことなく国体の団体3位止まり。花の大学リーグ戦のリングに上ることなく補欠止まりだったが、2年の末からは主務としての役割を担った。4年間で大学王座で2度優勝し、五輪メダリストを2名も生んだ名門校だったにもかかわらず、選手としての役割はなく逃げ出したい思いで一杯だった。学生生活の良き思い出と共に、選手として無能だった4年間はほろ苦い記憶となって焼き付いている。

大学は出たものの、無論、そんな生意気な者に会社勤めが続くわけもない。仕事帰りに居酒屋で会社の不平不満や言い訳を言い募る者たちと同じ空気が吸えず（1年務めただろうか？）、あえなく退社する。それから、人に使われない生き方はないかと悩み、眠れない日が続いた。

そんなある夜、黒澤明の映画『生きる』を見て体内から血が沸き出すような感覚を味わった。「世の中の人に喜んでもらい、感謝される生き方を探そう」。父から譲ってもらったアサヒ・ペンタックスSPに標準レンズ1本を持ち、ふらりと向かった後楽園ホールで写真を撮りだしたのが'82年（昭和57）のこと。その翌年、関東高校大会へ行った際、当時流山高校におられた小林信次郎先生に「全国大会にも来てくれよ。こいつらを撮ってやってよ」と声をかけて頂いた。まだフィルムも買えなかった私に、「前金払うから」とまで言って下さったのはうれしかったが、さすがに駆け出しの写真撮りには荷が重く、「もし良い写真だったら買ってください」とだけお答えし、カメラと50本ほどのモノクロフィルムをバックに詰め、会場の稲沢市（愛知）まで出かけた。大会の間、毎日リングサイドで撮影したときの使命感は、今でも新鮮な記憶として残っている。

当時は、写真を撮影するとボクシングマガジン社に出向き、フィルムを渡して現像からベタ焼きまでをしてもらっていた。副編集長だった小山謙三氏は「なかなかうまいね」と言って褒めてくれた。調子に乗った私は、その後もちょくちょく足を運ぶようになり、大学リーグ戦などの写真を使ってもらったことが自信へと繋がった。自称フリーカメラマンの始まりだった。

写真だけで食っていこうと決意してからというものは、写真を買ってくれるところへは惜しみなく足を運んだ。当初3年間、金は貯まらなかったが、パンの耳でも写真で食っているという喜びは大きかった。運と努力の甲斐あってか、「若気の至り」と勘違いが今へと通じてしまった。

それからボクシングの全国大会の撮影が本格化し、早くも37年という歳月が経過した。これまで、「時は待たず、すべての人に平等に刻まれる」との自戒を胸に、一年一年が節目との思いで、なんとか今日まで低空飛行を楽しみ、飛び続けられたことに感謝している。

これまで引っ越しのたびに重いネガが詰まった箱をそのつど運び続けてきた、写真達との旅。今回、半生を共に歩んできたその証をまとめて世に送り出すことになった。写真集出版に際しては、2017年春に刊行委員会を立ち上げた。取材者を絞り込み、これまで撮影してきたボクサー達の消息を訪ね、全国を駆け巡り、情報を拾い集めた中で、取材・撮影を通して元選手らに教えられたことも数多く、新たな宝となった。2018年12月まで約2年にわたって取材を重ね、結果的に約120名以上の方々の過去と現在の姿を収録させてもらった。

ボクシングに出会い、恩師に出会い、対戦者と戦い、リングを降りてさまざまな業種で活躍し、それぞれに「いま」という時間を生きるボクサー達の姿に、自身の時の流れを重ね合わせ彼らは何を得たのか、感じ取ってほしい。天の恵みの雨が山に注がれ川となり大海原へと繋がるように、こうして完成に至ったことを幸福に感じる。これから戦いに挑んでいく人達の力となり、未来に繋がっていく記録写真集になればと願っている。

最後に、2007年出版の『この道一筋』、2012年の『メダリストへの道』（いずれも石風社刊）とお世話になった藤村興晴氏が起業された忘羊社に無理難題を持ち掛け、制作して頂いた。また、出版の趣旨に賛同いただき協力してくださいましたすべての皆様へ心より感謝申し上げます。ありがとうございました。

▲左：1982年、写真を始めた頃。右：2019年、現在（撮影・Ayu Takao）

**取材にご協力いただいた機関・個人の方々**（順不同、敬称略）

ほるもん大五郎／株式会社イチムラボディーショップ／ヘヤーライフクリエーション Luft／串カツマサトラ／東京ベイ浦安市川医療センター／BAR函館ハメド／(株) rsc products／studio ageHa／株式会社オフィスオーガスタ／株式会社ソーゴー東京／株式会社渡辺土木／株式会社ハタプロ／亀田総合病院／朝日航洋株式会社／舟橋総合病院／パーソナルトレーニングスポット エレス／株式会社プロフェショナルエナジー／国立磐梯青少年交流の家・独立行政法人国立青少年教育振興機構／入間愛の教会／スタジオJAMU／六本木ファイトクラブ／拓殖大学／株式会社紅陵企画／南大津市市役所／君津中央病院／株式会社ジエブ／ライブハウスANGA千葉／ドイツ居酒屋バーデンバーデン／旬菜旬魚 空海山／羽田空港整備場／全日本空輸株式会社／『ボクシングビート』前田衷／GYM・ファイターズ／自衛隊体育学校ボクシング班／有限会社アップライジング／大橋ボクシングジム／ワタナベボクシングジム／三谷大和スポーツジム／RK鎌田ボクシングファミリー・柳光和博／畑中ボクシングジム／日本大学ボクシング部／東洋大学ボクシング部／東京農業大学ボクシング部／駒沢大学ボクシング部／習志野高校ボクシング部／株式会社ピータイト・プロモーション瀬端大成／DANGAN・古澤将太／オールドキッズカンパニー代表取締役・今井誠二／『月刊カメラマン』編集長・坂本直樹／三菱地所リアルエステート／ちょい呑みバー8カウント／後楽園ホール／ホテルポートプラザちば／多寿満うどん／忠さん劇場／警視庁第3機動隊／警視庁広報課／富坂警察／防衛庁市ヶ谷基地／ダイニングカフェ theater／佐賀高志館高校

# AFTER THE GONG

「今」を生きるアマチュアボクサーたちの肖像

写真　高尾啓介

編集　『AFTER THE GONG』編集委員会

2019年5月20日初版第1刷発行

発行所　忘羊社

福岡市中央区大手門 1-7-18-901

電話 092（406）2036　FAX 092（406）2093

発行者　藤村興晴

装幀　俣野裕三（MATANO OFFICE）

印刷・製本　株式会社シナノパブリッシングプレス

ISBN978-4-907902-21-6 C0075

©Takao Keisuke printed in Japan, 2019

落丁・乱丁本はお取りかえ致します。価格はカバーに表示しています。
本書の一部または全部を無断で複写・複製（コピー・スキャン・電子化等）することは法律で認められた場合を除き、禁じられています。